AF453646

ÉTUDES

SUR LA

CONSTRUCTION

DES

VOUTES BIAISES

DESCRIPTION COMPLÈTE

THÉORIQUE ET PRATIQUE

DE

L'APPAREIL HÉLIÇOÏDAL APPLIQUÉ AUX VOUTES ELLIPTIQUES

PRÉCÉDÉE D'UN

Examen comparatif et sommaire des divers autres Appareils biais,

ET ACCOMPAGNÉE DE TROIS PLANCHES D'ÉPURES,

PAR

PROSPER PRALY,

Conducteur des ponts et chaussées au chemin de fer de l'Est.

PRIX : 4 FRANCS.

PARIS

BORRANI ET DROZ, LIBRAIRES-ÉDITEURS,

5 ET 7, RUE DES SAINTS-PÈRES.

OCTOBRE 1853.

ÉTUDES

SUR LA

CONSTRUCTION DES VOUTES BIAISES.

Paris.—Imp. Preve et Comp., r. J.-J. Rousseau, 15.

ÉTUDES

THÉORIQUES ET PRATIQUES

SUR LA

CONSTRUCTION

DES

VOUTES BIAISES.

DESCRIPTION COMPLÈTE,

THÉORIQUE ET PRATIQUE,

DE

l'Appareil hélicoïdal appliqué aux Voûtes elliptiques;

PRÉCÉDÉE D'UN

Examen comparatif et sommaire des divers autres Appareils biais,

et accompagnée de trois planches d'épures,

PAR

PROSPER PRALY,

Conducteur des ponts et chaussées au chemin de fer de l'Est.

PARIS,

BORRANI ET DROZ,

LIBRAIRES-ÉDITEURS, 5 ET 7, RUE DES SAINTS-PÈRES.

1853.

Ces Études ont été publiées pour la première fois par l Ingénieur, journal scientifique et administratif, paraissant le 1er de chaque mois, destiné à MM. les ingénieurs de l'État, ingénieurs civils, conducteurs et piqueurs des ponts et chaussées, agents voyers, agents des chemins de fer, architectes, constructeurs, mécaniciens, entrepreneurs, etc., etc.

On s'abonne dans les bureaux du journal, rue de l'École-de-Médecine, 2, à Paris.

PRIX POUR L'ANNÉE :

Paris	10 fr.
France et Algérie.	12
Étranger.	16

PRÉFACE.

L'Importance et la multiplicité croissante des constructions nécessitées par l'établissement des Chemins de Fer, tendent de plus en plus à rendre indispensable aux Constructeurs la connaissance des moyens à employer pour la détermination analytique et graphique des divers éléments dont se composent les Voûtes Biaises. Cependant, la plupart des Traités publiés sur cette matière laissent le lecteur dans l'ignorance sur les considérations et les procédés de détail qu'il importe le plus de connaître pour dresser un Projet et le faire exécuter complétement. Ces écrits, recommandables à plus d'un titre, se tiennent généralement dans la sphère des hautes Théories et s'adressent plus spécialement aux Mathématiciens.

Il nous a semblé qu'à côté de ces OEuvres d'un caractère distinct, il y avait à occuper une modeste place dans laquelle on pouvait encore se rendre utile. La publication de l'Ingénieur, Journal particulièrement destiné aux Praticiens, nous offrait un personnel de lecteurs spéciaux; et d'ailleurs nous étions fiers d'ajouter notre exemple à celui de quelques devanciers, pour encourager les Conducteurs des Ponts et Chaussées, nos collègues, à produire au grand jour de la publicité les notions pratiques qu'ils ont recueillies et qu'ils recueillent chaque jour dans le cours de leur carrière, et dont la vulgarisation serait d'un si puissant intérêt pour tous les Constructeurs.

Telles sont les considérations qui nous ont déterminé à laisser publier les résultats de nos observations et de nos recherches sur cet important sujet. Si nos Propositions sont reconnues exactes et utiles, nous ne nous plaindrons pas que l'on critique notre style : nous demandons à être jugés sur le fond et non sur la forme.

Le fond de notre Opuscule est facile à exposer : nous ne donnons que des notions succinctes sur les Voûtes en général et sur les divers Appareils Biais ; mais, prenant à partie l'*Appareil Hélicoïdal appliqué aux Voûtes Elliptiques*, nous nous attachons à remplir le vœu formé par un célèbre Ingénieur anglais, M. G. Watson-Buck, dans la conclusion de son utile ouvrage intitulé : *Practical and theoretical essay on oblique bridges (Essai théorique et pratique sur les ponts obliques)* ; c'est-à-dire, qu'examinant cette forme de voûte dans ses plus intimes détails, nous établissons toutes les formules analytiques et graphiques nécessaires pour son application, de manière à mettre un constructeur pourvu seulement de connaissances mathématiques élémentaires, à même de dresser tous projets de Voûtes Héliçoïdales Elliptiques et d'en diriger la construction avec succès. Pour prévenir les doutes possibles, pour dissiper toute obscurité, nous appliquons les formules qui résultent de nos calculs à trois ouvrages biais exécutés à Meaux, sur le Chemin de Fer de l'Est, et nous montrons comment on a obtenu pour ces voûtes les dimensions mises en œuvre.

Après avoir ainsi complétement exposé un mode d'appareil qui a déjà pour lui la sanction de l'expérience , nous développons les considérations qui , selon nous, établissent sa supériorité sur les autres systèmes, et dans cette partie de notre travail où nous examinons successivement, en ce qui concerne l'Appareil Héliçoïdal, les Traités et les Mémoires sur les Voûtes Biaises écrits par MM. Watson-Buck, Lefort, Graeff et de la Gournerie, ingénieurs distingués dont nous ne partageons pas toutes les vues, nous nous sommes encore abstenu de Théories transcendantes.

Dans les limites que nous avons cru devoir nous imposer, nos *Études Théoriques et Pratiques sur la Construction des Voûtes Biaises* pourront être de quelque utilité aux Constructeurs, et surtout aux Praticiens à qui elles s'adressent plus spécialement ; s'il en est ainsi, tous nos vœux seront remplis.

Paris, le 17 octobre 1853.

PROSPER PRALY,

Conducteur des ponts et chaussées au chemin de fer de l'Est.

Etudes théoriques et pratiques

SUR LA

CONSTRUCTION DES VOUTES BIAISES.

CHAPITRE I.

Exposé sommaire des divers appareils biais.

(Voir la planche 1.)

CONSIDÉRATIONS GÉNÉRALES SUR LES VOUTES.

L'absence d'une théorie complète de la poussée des voûtes nous servirait de prétexte pour nous abstenir de traiter cette question avec les développements qu'elle comporte, si déjà elle ne sortait du cadre dans lequel nous avons promis de nous renfermer. Voici pourtant comment, sans le secours de l'analyse, on peut concevoir cette poussée :

Soit M N M' N' (pl. 1, fig. 1) le plan des naissances d'une voûte que l'on suppose homogène. On remarquera d'abord que de toutes les sections verticales passant par le point A, par exemple, la plus petite est celle dont la trace A*c* est dans le plan normal à l'axe *aa'* de la voûte; on la désigne ordinairement sous le nom de *section droite*.

On voit de plus que les mouvements qui tendent à se produire dans la voûte sont la conséquence de l'effort que chaque molécule exerce en vertu de la pesanteur sur les molécules contiguës situées dans le plan immédiatement inférieur.

L'effort dont il s'agit se propageant dans tous les sens tend à provoquer des mouvements de diverses natures, et à réduire par la contraction le développement des diverses sections verticales de la voûte. Mais dans ces mouvements, toujours très-petits, les sections droites, qui sont ici les lignes de plus petite courbure, éprouvent la plus grande compression. Elles doivent donc aussi réagir avec plus de force que les autres sections verticales, et c'est dans leur plan que se dirige en effet le principal effort ou la résultante des poussées, qui tend à renverser les pieds-droits et la partie inférieure de la voûte.

Cet effort peut être vaincu dans la pratique par la cohésion des mortiers, par leur adhérence aux matériaux de construction, et enfin par la résistance des massifs de pieds-droits.

En coupant le cylindre MNM'N' par deux plans verticaux AB, A'B', parallèles entre eux, et obliques à son axe, il en résultera un cylindre biais ayant la même section droite que la voûte droite d'abord considérée; or, si par les angles A, D, A', D', on fait passer des plans verticaux dirigés perpendiculairement aux pieds-droits, et que l'on considère les effets de la poussée qui s'exerce suivant l'arc de grande contraction dans chacune des zones ainsi obtenues, on remarquera que la zone centrale est la seule dans laquelle les forces qui tendent au renversement de la voûte rencontrent dans les pieds-droits une résistance capable de neutraliser leur action.

Dans les parties A*cd*D, A'*c'd'*D' les efforts qui se produisent tendent au renversement des angles aigus D et D' qui n'offrent pas une résistance suffisante; et enfin, dans les portions de voûte AB*c*, A'B'*c'*, les poussées parallèles à A*c* ne sont contre-butées que d'un côté par le pied-droit, tandis que de l'autre côté aucune résistance de cette nature ne s'oppose à leur effet, et par conséquent au renversement des voussoirs en dehors de la voûte; c'est là ce qui a fait donner à la tendance de cet effort le nom de poussée au vide.

Dans la voûte homogène que nous avons considérée, la poussée au vide résulte uniquement de l'élasticité des matériaux et de la forme de la surface cylindrique; elle serait donc, en ce cas, tout à fait indépendante de l'appareil employé ; mais dans la pratique, les constructions sont loin de présenter ce caractère d'homogénéité, et l'on sait que la cohésion des mortiers et leur adhérence aux matériaux peuvent coopérer d'une manière tout artificielle, soit à la résistance au renversement, soit aux divers mouvements de réaction nécessaires pour dévier la direction des efforts de la poussée. Si l'on considère enfin que l'art de la coupe des pierres a précisément pour objet la création de joints de rupture artificiels et la transformation de certains efforts en d'autres forces dont l'action est dirigée dans le sens de la plus grande résistance, il sera facile de comprendre que par le choix de tel ou tel appareil on peut laisser une construction exposée à toutes les conséquences qu'entraîne la poussée au vide, ou atténuer l'effet de cette poussée au point de le rendre à peu près nul.

On obtiendra ce dernier résultat en ramenant dans une direction parallèle aux plans de têtes l'effort qui tend au renversement, parce qu'alors cette force sera contre-butée des deux côtés de la voûte par les pieds-droits qui lui opposeront, suivant leur épaisseur oblique, leur plus grande somme de résistance.

Il est indispensable toutefois de concilier l'exigence de cette condition essentielle avec le principe général de stabilité, non moins rigoureux, qui consiste à diriger les surfaces de joints des divers cours continus de voussoirs normalement à la résultante des pressions qu'ils doivent supporter.

C'est donc là l'objet que doit se proposer de remplir le constructeur dans l'étude et dans le choix de l'appareil à employer.

Pendant longtemps les voûtes biaises n'ont été pratiquées qu'en architecture, dans la construction du bâtiment, encore ne les employait-on que le plus rarement possible, et seulement lorsque les exigences de la distribution, ou d'autres considérations majeures, ne permettaient pas d'employer des voûtes droites.

Le choix du système d'appareil, dans la construction de ces voûtes, n'avait alors qu'une médiocre importance, en ce sens qu'on n'avait point à obéir à des conditions de stabilité aussi impérieuses que celles qu'exige l'établissement des voûtes destinées à supporter aujourd'hui nos grandes voies de communication ; aussi construisait-on la plupart des voûtes obliques sans se préoccuper des coupes biaises.

On se bornait à diviser la voûte longitudinalement en zones séparées par des plans normaux à la surface cylindrique et parallèles aux pieds-droits ; ces cours de voussoirs étaient ensuite coupés transversalement et alternativement par d'autres plans de joints normaux à la surface cylindrique et passant par la ligne de plus petite courbure ou de plus grande contraction.

Il est certain qu'alors l'obliquité des plans de têtes, par rapport aux surfaces de plus grande pression, laissait subsister l'action de la poussée au vide dans toute sa vigueur ; mais comme ces voûtes étaient généralement de faibles dimensions et qu'elles n'étaient pratiquées le plus souvent que dans l'épaisseur d'un mur, la cohésion des mortiers suffisait pour paralyser l'effet de la poussée.

L'expérience a démontré aussi que, lorsque l'angle du biais d'une voûte ne dépasse pas certaines limites, on peut la construire en employant l'appareil des voûtes droites, et que dans ce cas la résistance qu'offre la force de cohésion et d'adhérence des mortiers suffit pour contre-balancer l'effort qui tend au renversement ; mais comme il est impossible d'assigner à cet angle une limite maxima, nous croyons qu'il y a au moins imprudence à n'avoir pas directement recours aux ressources qu'offre l'art de la coupe des pierres.

Cependant plusieurs ponts d'assez grandes dimensions et d'un biais assez prononcé ont été construits avec appareil droit par d'habiles constructeurs, sans qu'il se soit produit des mouvements assez forts pour compromettre la solidité de ces ouvrages.

M. L'Eveillé, ingénieur des ponts et chaussées, dans son mémoire sur les voûtes biaises, dit avoir appareillé droit des arches de 4 à 10 mètres et d'un biais de 70 degrés ; il cite les ponts du chemin de fer de Creil à Saint-Quentin, dans la construction desquels M. Baumgarten s'est borné à incliner suffisamment les joints pour que leur angle avec les têtes ne dépassât pas certaines limites. Après avoir cité l'opinion de Gauthey, qui déclare ne commencer à s'occuper du biais que lorsque l'angle descend à 67 et même à 63 degrés, M. L'Eveillé ajoute l'observation suivante :

« Si d'ailleurs on cherche à se rendre compte de ces faits, l'on s'a-
» perçoit que s'il existe une poussée au vide, l'engencement des vous-
» soirs, la cohésion des mortiers, s'opposent à ce que la tête obéisse à
» la poussée. Or, la force de résistance est proportionnelle à la sec-
» tion droite, la force de poussée croît avec le biais, l'on peut donc
» concevoir que, pour un certain biais, il y ait équilibre entre les
» deux forces ; que pour les biais moindres la résistance l'emporte
» sur la poussée ; que pour les biais plus forts il suffira de corriger le
» biais de manière à rentrer dans les limites d'équilibre. »

Ces considérations expliquent comment, en pratique, des appareils, qui au premier aperçu devraient amener un mouvement dans les têtes, ne produisent aucun effort apparent sur la voûte.

Nous conseillerons néanmoins au constructeur d'aller toujours au delà des promesses parfois décevantes de la théorie, en lui rappelant que la stabilité d'une construction ne consiste pas seulement dans l'état de repos qui résulte de l'équilibre des forces diverses qui se neutralisent, mais encore dans l'énergie avec laquelle cette construction persévère à conserver sa forme et sa position, en réagissant contre les efforts qui tendent à lui faire changer cette forme et cette position.

Dans l'établissement des routes et des chemins de grande communication, les constructeurs ont pu éviter le plus souvent l'emploi des ponts biais en déviant l'axe de ces voies; mais aujourd'hui que les chemins de fer semblent devoir de plus en plus se substituer à nos grandes routes ordinaires, les conditions auxquelles doivent obéir rigoureusement les tracés de ces nouvelles voies de communication prescrivent impérieusement dans la plupart des cas l'emploi des voûtes biaises, et cette nécessité impose au constructeur l'obligation de rechercher le mode qui concilie le mieux les conditions de stabilité, de simplicité et d'économie.

Nous allons exposer sommairement les diverses solutions déjà connues, nous réservant de nous étendre plus particulièrement sur le système hélicoïdal, principal objet de cette étude.

APPAREILS EMPLOYÉS DANS LES VOUTES BIAISES.
Systèmes des zones droites ou biaises.

Plusieurs constructeurs ont résolu le problème de la poussée au vide par la division des voûtes en zones; ils ont proposé des systèmes divers.

L'un de ces systèmes (*fig.* 2), dû à M. Clapeyron, ingénieur en chef des mines, et appliqué pour la première fois au chemin de fer de Paris à Versailles (rive droite), consiste à diviser le corps de voûte ABCD en un certain nombre de zones qui décomposent la douelle en petites voûtes isolées les unes des autres, limitées par des plans verticaux parallèles aux plans de têtes, et reliées dans leur partie inférieure aux joints de rupture en $(r\ r')$.

On peut considérer les diverses voûtes biaises ainsi obtenues comme autant de petites voûtes droites ayant pour base la courbe de tête de la voûte biaise.

Ces zones peuvent être multipliées de telle sorte que la direction de leur diagonale diffère le moins possible de celle des plans de têtes.

Dans chacune de ces petites voûtes, les effets de la poussée se manifesteront suivant l'arc de plus grande contraction, c'est-à-dire suivant la direction de la diagonale Er'.

Cette solution est insuffisante pour neutraliser complétement l'action de la poussée au vide, mais on voit que l'effet de cette poussée se fera d'autant moins sentir que les plans de têtes et les plans verticaux passant par les diagonales des zones se rapprocheront davantage du parallélisme et que conséquemment les zones auront moins de largeur.

Ce système est très-simple et ne présente aucune difficulté d'exécution, mais il a l'inconvénient de laisser subsister quelques coupes
biaises dans l'intérieur des maçonneries.

Un autre procédé (*fig.* 3), proposé par M. HUREL, et qui paraît préférable au précédent, sous le double rapport de la solidité et de la
simplicité de la taille, consiste dans la division de la voûte biaise en
zones droites séparées par des sections parallèles aux têtes, et formant
autant de petites voûtes droites ABmn, PRST, etc.,accolées, et en re-
traite les unes sur les autres.

Plusieurs ingénieurs ont modifié ce système comme le montre la
fig. 4, en isolant ces petites voûtes entre elles au moyen de vides mé-
nagés, et les recouvrant ensuite d'un dallage en pierres ou de petits voûtains en maçonnerie arasés en plate-forme dans leur extrados.

Les vides qui existent entre les voûtes, le long des pieds-droits, peuvent être, suivant les convenances, ou complètement ouverts jusqu'au
sommet, comme dans la partie *abcd*, ou fermés jusqu'à la hauteur des
naissances, soit par le massif même de la culée *amnp*A, soit par un
simple mur *hh*.

Ce genre de construction peut, comme on le voit, offrir beaucoup
de solidité, et son emploi évite à la fois les effets de la poussée au vide
et les coupes biaises.

On lui reproche de donner lieu à un développement considérable
d'arêtes et de parements vus, et en même temps d'augmenter la largeur des arches, par rapport à celle que donnerait le biais, dans une
proportion qui croît avec le biais et avec la largeur des zones ; mais
cette augmentation d'ouverture et de main-d'œuvre se trouve en partie compensée par la réduction du cube des maçonneries dans les
vides.

Pour corriger ce que ces vides peuvent avoir de disgracieux sur l'é-
tendue de la surface cylindrique, dans les divers systèmes de division
par zones que nous venons de décrire, M. LEFORT, dans les Annales
des ponts et chaussées de l'année 1839, propose l'emploi du procédé
suivant, qui permet de remplir les vides sans pour cela établir de so-
lidarité entre les voûtes partielles.

« On tracera sur le cylindre les courbes qui doivent limiter les zo-
» nes; chacune de ces courbes représentera la ligne des joints discon-
» tinus, et alors, à partir des joints de rupture, c'est-à-dire à partir
» de la génératrice qui répond à l'angle de 30 degrés environ, on po-
» sera suivant ces courbes les moellons contigus sans garnir leurs
» joints de mortier, et on laissera vide la place des moellons suivants
» qui doivent couper les joints des premiers.

» En plaçant ensuite des voliges dans les zones ainsi préparées, il
» sera facile de continuer la maçonnerie supérieure tout en réduisant
» les vides à des limites convenables.

» On arrachera les voliges avant de procéder au décintrement, et
» quand cette dernière opération sera faite, on incrustera sous la voûte
» les moellons dont la place a été conservée, et on garnira de mortier
» les joints vides.

» Le remplissage de la partie supérieure se fera ensuite en y cou-
» lant du béton.

» De cette manière la voûte ne présentera, après le ragrécment des
» surfaces, aucune trace des vides qui auront été momentanément
» laissés.

» Ce mode de construction, qui paraît indiqué par une saine théo-
» rie, a maintenant pour lui la sanction de l'expérience. »

M. Lefort ajoute qu'il a construit au chemin de fer de Versailles
(rive droite), au moyen de ce procédé, plusieurs ponts en maçonnerie dont l'un avait 52 degrés de biais et dans lesquels il ne se serait
manifesté aucune lézarde.

Biais passé ou corne de vache.

Cette solution consiste à mener par le centre du parallélogramme
mm'n'n, *fig.* 5, que forme le plan horizontal des naissances de la
voûte, une ligne CD perpendiculaire aux plans de têtes, et à considérer cette ligne, qu'on nomme axe des joints, comme la directrice
de tous les plans de joints de la voûte, ce qui revient à opérer sur la
section dont la projection horizontale est AB, et qui passe par le centre O, considérée comme le plan de tête d'une voûte droite.

Dans cette section, l'arc de douelle étant divisé en voussoirs, les
plans de joints normaux formeront dans leur prolongement jusqu'aux plans de têtes les lits des cours de voussoirs de la voûte en
biais passé.

Dans une pareille voûte, la résultante des pressions est dirigée parallèlement aux plans de têtes et la poussée au vide est par conséquent
évitée.

Dans la pratique, on modifie ce procédé en substituant au cylindre oblique qui forme la douelle une surface réglée qui a pour
génératrice une ligne droite, et pour directrices les deux arcs de têtes
et la droite CD, axe des joints. (V. *fig.* 6.) L'arête de douelle conte-
nue dans chaque plan de joint est alors une ligne droite qui réunit
les points où ce plan rencontre les arcs de têtes.

On évite ainsi de couper la surface de douelle par les plans de
joints suivant des ellipses.

Dans les divers procédés d'appareil du biais passé et quelle que soit la surface de douelle, les lits ou plans de joints sont facilement déterminés par leur rabattement sur le plan horizontal des naissances $mnn'm'$ autour de la ligne CD, axe des joints.

Cette opération donne les panneaux de joints dans leur véritable forme et en vraie grandeur.

Lorsque la voûte a une étendue telle que les voussoirs ne puissent faire parpaings, on les divise dans leur longueur par des plans verticaux parallèles aux plans de têtes, et ces plans, en déterminant de nouvelles sections dans la voûte, coupent la surface réglée du biais passé suivant des courbes qui se projettent parallèlement sur le plan vertical et que l'on peut déterminer de la manière suivante :

Supposons, par exemple, que l'on se propose de construire la courbe A'KB', que détermine sur la douelle le plan vertical qui passe par la ligne AB.

La ligne xy sur le plan des naissances étant prise pour intersection des plans de projection, le centre s du cercle de tête $m'n'$ se projettera verticalement sur la ligne xy en s' et les arcs de cercles tracés des points s' et d comme centres, avec un rayon $m's$, détermineront sur le plan vertical les projections des arcs de têtes.

En se reportant aux conditions de génération de la surface réglée qui passe par ces deux arcs de cercles et qui forme la surface de douelle, on voit que toutes les sections faites sur la douelle par des plans parallèles aux têtes doivent déterminer en projection verticale des courbes qui toutes se couperont au point K, situé sur le plan vertical dont la trace horizontale est CD.

Dès lors, dans la section que nous avons considérée, la projection verticale de la courbe de douelle devra passer par le point K ; elle devra également passer par les points A' B', qui sont les projections verticales des points A et B où les lignes de naissances mm', nn', sont rencontrées par le plan vertical de cette section.

Pour déterminer d'autres points de cette courbe il suffit de concevoir divers plans passant par la ligne CD et se projetant verticalement suivant les lignes Dh, Dg.

Ces plans couperont la surface réglée suivant des lignes droites projetées verticalement en fh, rg, et horizontalement en $f'h'$ et $r'g'$, et rencontreront la courbe d'intersection à déterminer aux points (v, v') et (z, z').

On trouvera de même d'autres points l, p, q, etc., de cette courbe, en supposant la voûte coupée par les plans Dl, Dp, Dq, etc., et en déterminant succesvement les diverses projections des lignes suivant lesquelles ces plans rencontrent la surface de douelle le long de la section AB.

L'appareil du biais passé n'est réellement applicable qu'aux petites voûtes de peu de longueur, telles que celles qui forment la partie supérieure de portes biaises. Néanmoins, l'emploi en a été fait (avec quelques modifications toutefois) sur le chemin de fer de Strasbourg, pour un guichet de 2 mètres d'ouverture destiné à desservir un chemin de halage passant sous le chemin de fer. Les têtes ont été appareillées suivant le système du biais passé, et la partie de la voûte comprise entre les têtes a été construite comme une voûte droite, si ce n'est que la direction des joints longitudinaux, au lieu de suivre exactement le parallélisme des génératrices du cylindre, a été légèrement déviée afin d'opérer le raccordement de ces joints avec les joints correspondants des têtes.

Ce travail ne pèche pas, sans doute, sous le rapport de la stabilité; mais il est impossible de ne pas avouer qu'il présente dans l'ensemble de la surface de douelle un aspect assez disgracieux.

Si l'on considère en outre que, contrairement au principe général qui règle les conditions de stabilité des joints, les plans de têtes, dans l'appareil du biais passé, sont coupés, non suivant des normales aux courbes de têtes, mais suivant des droites qui font avec ces courbes des angles aigus ou obtus différant d'autant plus de l'angle droit que les têtes sont plus éloignées l'une de l'autre et que l'angle du biais et le rayon de la voûte sont plus petits, l'on arrivera à conclure que ce système d'appareil ne doit pas être appliqué dans les grands travaux.

Appareil orthogonal parallèle.

Si l'on considère une voûte biaise, divisée, suivant le système de M. Clapeyron, en une infinité de zones parallèles, et qu'on fasse à une telle voûte l'application des principes de stabilité que nous avons établis ci-dessus, on obtiendra un système de lignes de joints composé de courbes parallèles aux plans de têtes pour les joints transversaux et coupées à angles droits par une autre série de courbes ou trajectoires formant les joints longitudinaux continus.

Les surfaces de joints devant être formées par la suite des normales à la surface cylindrique le long des courbes de joints prises pour directrices, il s'ensuit que les lits de joints transversaux doivent être des surfaces planes, tandis que ceux qui ont pour directrices les trajectoires orthogonales doivent être des surfaces réglées non développables.

Cette solution, appliquée à une voûte que l'on suppose divisée en zones d'une épaisseur finie et représentées par les surfaces de douelle interceptées entre les diverses courbes de joints transversaux, est celle à laquelle on a donné le nom d'*appareil orthogonal parallèle*.

Pour déterminer le réseau des lignes d'appareil, dans l'application de ce procédé de construction, on développe la surface cylindrique autour de la génératrice des naissances prise comme charnière, et, après avoir tracé sur cette surface de développement la transformée de la courbe de tête ainsi que celles qui résultent d'un certain nombre de sections parallèles aux têtes, on porte sur la développée de la courbe de tête la division des voussoirs arrêtée sur les têtes.

On détermine ensuite les trajectoires orthogonales passant par ces points de division, lesquelles doivent être perpendiculaires aux tangentes de la développée menées par ces points.

Il suffit du reste de déterminer la trajectoire de plus grande étendue, et, à l'aide d'un panneau découpé suivant cette courbe, on peut tracer toutes les autres trajectoires de joints, en ayant soin de faire glisser ce panneau de telle sorte que les portions de trajectoires interceptées entre deux mêmes génératrices soient toutes tracées suivant la même portion de courbe du panneau.

Il ne reste qu'à envelopper sur les couchis des cintres, convenablement préparés, le réseau des lignes de joints tracées sur la surface de développement de la douelle.

Nous nous abstiendrons de décrire ici les opérations à l'aide desquelles on détermine le développement de la douelle, ainsi que les procédés à employer pour obtenir les divers éléments relatifs à la surface des joints.

Tous ces détails, avec les développements qu'ils comportent, trouveront leur place dans la partie de notre travail qui est relative à l'appareil hélicoïdal.

Dans la pratique des moyens d'exécution, le système orthogonal parallèle est susceptible de quelques modifications qui facilitent le travail de la taille des voussoirs. On peut, par exemple, remplacer les lignes courbes formées par l'intersection des plans de têtes avec les surfaces gauches qui ont pour directrices les trajectoires orthogonales, par les droites normales aux arcs de têtes, dont elles diffèrent peu.

On peut également remplacer la surface gauche des joints par la surface plane qui s'appuie sur la ligne de joints de la tête de la voûte et sur la trajectoire orthogonale qui passe par le même point.

Enfin, les moellons de douelle peuvent, à cause de leurs faibles dimensions, être simplement taillés suivant des surfaces planes formant entre elles des angles dièdres et trièdres droits.

Cet appareil, malgré les modifications que nous venons d'indiquer, n'est pas sans présenter quelques difficultés dans l'application, à cause de la nature même des courbes de joints continus; il n'est pas non plus exempt de défauts.

L'un de ces défauts consiste dans la variation continuelle de la largeur d'une même zone de douelle comprise entre deux trajectoires, ce qui entraîne la variation de largeur dans un même cours de moellons.

En outre, lorsque dans une voûte à naissances horizontales la longueur de la surface cylindrique est plus grande que son diamètre, il arrive forcément que les trajectoires orthogonales de plusieurs cours de voussoirs, et notamment celles qui forment les lignes de joints successives des premières assises de voussoirs du côté de l'angle obtus des pieds-droits, viennent converger vers les naissances dont elles tendent à se rapprocher de plus en plus, comme de leurs asymptotes.

Cette disposition exige, à mesure qu'on se rapproche des naissances, l'emploi de moellons de plus en plus petits et de dimensions tellement exiguës que vers les points les plus bas un moellon de dimensions ordinaires est appelé à former plusieurs assises à trajectoires convergentes.

L'effet produit par l'interruption et l'irrégularité des lignes d'assises et par la perturbation apportée dans la symétrie des cours de voussoirs de douelle est des plus disgracieux et enlève à la construction tout caractère d'élégance.

Pour obvier à ces inconvénients, M. Lefort a proposé un système que nous allons décrire, et auquel il a donné le nom d'appareil orthogonal convergent.

Appareil orthogonal convergent.

C'est dans l'exécution d'un souterrain courbe et à têtes biaises, sur le chemin de fer de Versailles (rive droite), que M. Lefort a fait la première application de son système d'appareil orthogonal convergent.

Dans cette construction, une grande longueur de voûte a été appareillée suivant les lignes de joints de plus grande et de plus petite courbure. A chaque extrémité du souterrain et à une distance quelconque des têtes, mais suffisante pour dépasser la limite où la poussée cesse de faire sentir son action sur l'extrémité des pieds-droits, la voûte a été coupée suivant une section droite.

La portion de voûte interceptée entre cette section droite et le plan de tête a été appareillée suivant le *système orthogonal convergent*, ainsi qu'il suit :

Si l'on prolonge jusqu'à la rencontre du plan de tête également prolongé le plan de section droite qui sépare le tore proprement dit de la partie biaise de la voûte, et que l'on fasse passer par la ligne verticale d'intersection de ces deux plans une série de plans verticaux, les diverses sections convergentes qui en résulteront détermineront sur la surface cylindrique un certain nombre de courbes qui seront les directrices des plans de joints transversaux.

Les trajectoires orthogonales menées à ces courbes et partant des points de division de la tête seront les lignes de joints continus qui doivent séparer les divers cours de voussoirs.

La division en voussoirs, sur la tête et sur la section droite limite de la partie biaise, doit être telle que la trajectoire partant de chacun des points de division de la tête aille se raccorder tangentiellement à la ligne du joint correspondant sur le tore.

On voit que ce système d'appareil fait disparaître les coupes biaises vers les têtes et qu'il remédie en même temps au principal défaut que nous avons signalé dans l'appareil orthogonal parallèle ; mais l'application en est difficile et exige notamment des calculs assez laborieux.

Toutefois on peut le simplifier en substituant des courbes paraboliques aux trajectoires orthogonales.

Les joints paraboliques doivent être déterminés de manière qu'en aboutissant par leurs extrémités aux divisions correspondantes de voussoirs sur la tête et sur la section droite limite du biais, ils soient également normaux, tant à la droite qui sert de corde à la transformée de l'arc de tête qu'à la droite développement de l'arc de section droite.

La dernière parabole peut être remplacée par une ligne parallèle à l'axe de la voûte et tangente à la surface du tore.

Appareil héliçoïdal et appareils mixtes.

Certains procédés d'appareils proposés pour les voûtes biaises ne sont que des modifications aux appareils principaux ; dès lors, nous en parlerons avec plus de fruit pour nos lecteurs après la description de l'*appareil héliçoïdal* qui fait l'objet des chapitres suivants.

CHAPITRE II.

De l'Appareil hélicoïdal, et de son application aux voûtes elliptiques. — Théorie.

Ce genre d'appareil a été d'abord employé en Angleterre dans la construction de la plus grande partie des ponts biais. L'application en a été faite en France depuis quelques années sur nos lignes de chemins de fer.

Il consiste dans la substitution de l'hélice aux ellipses et aux trajectoires adoptées dans les systèmes précédents comme directrices des surfaces de joints des cours de voussoirs.

Les voûtes hélicoïdales peuvent être classées en deux catégories. La première catégorie comprend celles dont la surface de douelle appartient à un cylindre circulaire et que nous désignerons plus spécialement sous le nom d'appareil anglais. Les voûtes dont la douelle forme une surface cylindrique elliptique appartiennent à la deuxième catégorie.

Les premières ont pour arcs de têtes des ellipses, et pour section droite un arc de cercle ; le contraire se présente pour les dernières. L'appareil hélicoïdal appliqué aux voûtes cylindriques circulaires a déjà été traité par plusieurs auteurs et notamment par l'ingénieur anglais Georges Watson-Buck. Dans ce traité, dont une traduction a été publiée par M. de Gayffier dans le nouveau *Manuel des Ponts et Chaussées*, l'auteur, en terminant, exprime ainsi son opinion sur les voûtes biaises à têtes circulaires :

« Dans tout cet ouvrage nous n'avons traité que des voûtes obliques à section droite demi-circulaire, parce que notre opinion est que l'on ne doit en construire que de cette espèce.

» Nous n'ignorons pas qu'il existe des arches obliques à section droite elliptique, mais nous les regardons comme manquant de stabilité ; elles sont d'ailleurs plus difficiles à exécuter et conséquemment plus dispendieuses, surtout en maçonnerie.

» Et après avoir approfondi ce sujet autant que nous en sommes capable, nous pensons qu'elles ne comportent point de formules simples telles que celles que nous avons établies pour les voûtes obliques à section droite demi-circulaire.

» Nous ne pensons pas qu'il puisse jamais se présenter un concours de circonstances susceptibles de forcer l'ingénieur à construire une voûte elliptique, et par ces motifs nous les rejetons entièrement.

» Cependant nous verrions avec plaisir que quelqu'un approfondît ce sujet et nous fît voir notre erreur, si en effet nous en faisons une. »

L'auteur qui juge aussi radicalement le système que nous avons l'intention de réhabiliter, est un ingénieur distingué, d'un mérite incontestable, et dont l'autorité en pareille matière a pu avoir une fâcheuse influence sur l'opinion de plusieurs ingénieurs d'un mérite non moins réel.

C'est ce qui explique cette espèce d'ostracisme dont se trouve frappé le système elliptique dans presque tous les traités qui sont arrivés à notre connaissance.

Le système circulaire a été décrit par M. Buck avec beaucoup de développements, et on ne saurait rien ajouter aux notes remarquables dont la traduction a été enrichie par M. de Gaylfier. Mais nous ne connaissons encore aucun traité sur les voûtes elliptiques, et comme nous pensons pouvoir faire ressortir leur supériorité sur les voûtes anglaises, nous avons lieu d'espérer que notre notice ne sera pas tout à fait dénuée d'intérêt.

DESCRIPTION THÉORIQUE DE L'APPAREIL HÉLIÇOÏDAL APPLIQUÉ AUX VOÛTES ELLIPTIQUES.

Considérons un demi-cylindre elliptique projeté horizontalement en A B C D (fig. 10), et développé en A C D′B′.

La courbe de tête sera développée et transformée en une nouvelle courbe $A H'B'$ (1). En abaissant du point C une perpendiculaire sur la corde A B′ de la transformée de la courbe de tête, nous obtiendrons une ligne droite CS′ qui, étant ramenée sur le cylindre, l'enveloppera et y dessinera une ligne courbe qu'on nomme hélice.

L'hélice jouit en effet de cette propriété que ses tangentes font avec les génératrices de la surface cylindrique des angles égaux, d'où il suit que sa transformée par développement est nécessairement une ligne droite : et si l'on considère une partie de cette droite comme l'hypoténuse d'un triangle rectangle dont l'un des côtés serait une portion de génératrice, l'autre côté de l'angle droit sera la transformée d'une portion de la section droite du cylindre. Le rapport constant qui existe entre ces deux derniers côtés exprime la tangente naturelle de l'angle que la tangente à l'hélice fait avec la génératrice qui passe par le point de contact.

Si l'on suppose qu'on ait tracé sur le cylindre de douelle d'une voûte oblique, une série d'hélices parallèles qui remplacent les trajectoires du système orthogonal, et que, suivant ces hélices prises comme directrices, on fasse mouvoir des droites assujetties à la condition d'être, dans toutes leurs positions, normales aux sections de la douelle parallèles au plan de

(1) Cette courbe appartient au genre des sinusoïdes, dans lesquelles l'abscisse est une onction du sinus de l'ordonnée.

tête, les surfaces gauches ainsi décrites diviseront la voûte en une suite de cours de voussoirs ayant pour joints longitudinaux continus les surfaces dont il s'agit.

Si l'on coupe ensuite ces cours de voussoirs par des joints transversaux discontinus, formés par la suite des normales aux sections parallèles aux plans de têtes, on obtiendra une voûte appareillée suivant le système hélicoïdal.

Ces deux systèmes de courbes de joints se coupent, comme on le voit, aussi à angle droit que possible, et ont de plus l'avantage de ne pas exclure comme dans l'appareil orthogonal, l'emploi de matériaux d'épaisseur invariable.

En pratique, il est assez rare de pouvoir conserver exactement pour lignes de joints le système de courbes que nous venons de décrire, parce que la longueur AS', que nous appellerons la retombée de l'hélice, et qu'intercepte l'hélice sur la corde AB', varie avec l'angle d'obliquité de la voûte, et conséquemment ne permet pas toujours la division des voussoirs sur les têtes dans des conditions convenables.

Il peut arriver, par exemple, que la valeur de la retombée soit telle, que la portion restante SB' de la transformée de la courbe de tête soit insuffisante pour fournir l'épaisseur de plusieurs voussoirs, et qu'elle donne pour un seul voussoir une épaisseur trop forte. On altère alors un peu les conditions théoriques des lignes de joints en reportant le point S vers la division de voussoir qui en est la plus rapprochée.

Les hélices longitudinales sont ensuite déviées suivant la direction de l'hélice rectifiée.

Ces nouvelles lignes d'assises ne sont plus, il est vrai, exactement perpendiculaires à la corde de la transformée du cercle de tête; mais il est bon de remarquer que l'angle que forme la transformée de l'hélice avec la génératrice du cylindre, et que l'on nomme angle hélicoïdal, varie à peine d'un demi degré par la déviation de l'hélice, dans les circonstances les plus défavorables.

Cette variation, à peine sensible de l'angle hélicoïdal, influe d'autant moins sur les conséquences qui résultent de ce système d'appareil, que l'on a soin de rétablir les conditions suivant lesquelles se relient les deux systèmes de joints en traçant les joints transversaux, non plus parallèles aux courbes de têtes, mais perpendiculaires aux hélices longitudinales rectifiées.

A la suite de l'exposé théorique du système d'appareil hélicoïdal, nous allons développer les divers moyens graphiques à employer pour dessiner sur le papier le réseau des lignes qui constituent l'appareil.

DESSIN D'APPAREIL.

Le plan de la voûte ayant été tracé (fig. 10), il s'agit de déterminer d'abord l'arc elliptique de section droite rabattu sur le plan horizontal des naissances, et le développement de la surface de douelle sur ce même plan.

La construction du rabattement de l'arc elliptique est fort simple. En considérant, par exemple, la génératrice de douelle qui passe au point s de l'arc de tête ou de la section nm qui lui est parallèle et qui se projette horizontalement suivant la ligne vy, le point où cette génératrice est rencontrée par le plan qui lui est normal et dont la trace est en BK, appartient à la section droite; or, ce point doit être à la même hauteur au-dessus du plan des naissances que le point s de l'arc de tête; d'un autre côté, son rabattement est situé sur la projection horizontale de la génératrice. Il suffit donc de porter la hauteur vs de v' en s', et le point s' sera le rabattement cherché.

On obtiendra autant de points que l'on voudra du rabattement de la section droite, en fixant sur l'arc de tête ou sur la section parallèle mhn un certain nombre de points, et en opérant ensuite sur les génératrices qui passent par ces points, comme nous l'avons fait pour la génératrice sur laquelle est situé le point s.

La réunion de tous les points ainsi obtenus donnera un arc elliptique qui aura pour grand axe le diamètre de l'arc de tête, et pour petit axe la projection de ce diamètre sur le plan de la section droite, projection qui représente la plus petite largeur du cylindre de la douelle supposée en plein cintre.

Cet arc elliptique peut se tracer correctement et avec une exactitude suffisante au moyen du procédé suivant que nous employons généralement avec succès.

Soient AB, CD (fig. 7), les axes de l'ellipse à tracer; on trouve, par l'analyse et même par la géométrie élémentaire, que le petit rayon de courbure de l'ellipse ou $r = \frac{b^2}{a}$ et que le grand rayon $R = \frac{a^2}{b}$ en faisant $\frac{AB}{2} = a$ et $\frac{CD}{2} = b$.

On déduit de ces valeurs le rayon de moyenne courbure $\sqrt{rR}$; or, portant oD le demi-petit axe sur oB, et oB le demi-grand axe sur oD, et menant par les points o' et b' ainsi obtenus des parallèles à la ligne BD qui joint les extrémités des deux axes, on forme trois triangles semblables : odb', oBD et omb qui donnent :

$$oB : od :: oD : ob'$$
$$\text{et } om : oB :: ob : oD,$$

$$\text{d'où } ob' = \frac{od \times oD}{oB} = \frac{b^2}{a} = r$$

$$om = \frac{oB \times ob}{oD} = \frac{a^2}{b} = R$$

Les rayons r et R étant déterminés par le calcul ou par le procédé graphique que nous venons d'indiquer, on tracera les arcs partant des quatre sommets de l'ellipse. On calculera ensuite le rayon moyen om'', dont on connaît la valeur $\sqrt{rR}$, ou on le déterminera graphiquement en rabattant le petit rayon ob' autour du point o en ob'' et en traçant sur la ligne $b''m = r + R$ comme diamètre la demi-circonférence $b''m''m$, qui coupe en m'' l'axe oC prolongé; la distance om'' sera le rayon cherché.

On peut encore remarquer, pour la détermination de ce rayon, que

$$\sqrt{rR} = \sqrt{\frac{a^2}{b} \times \frac{b^2}{a}} = \sqrt{ab}.$$

De sorte que $\sqrt{rR}$ est aussi moyen proportionnel entre les demi-axes a et b qui doivent être employés de préférence aux quantités r et R dans les constructions, comme étant des données primitives auxquelles le calcul ou les procédés graphiques n'ont fait subir aucune altération.

Il ne s'agit plus que de fixer les centres de courbure des arcs intermédiaires à décrire avec le rayon moyen om''.

A cet effet on cherche d'abord la différence entre le rayon moyen et chacun des deux autres rayons r et R, en rabattant om'' en on et on'. On décrit ensuite du point o' comme centre et avec un rayon égal à la différence $n'b''$, l'arc $o'''fo'''$; et du point o'' comme centre avec un rayon égal à la différence nm, l'arc $o'''fo'''$. On joint les points $o''o'''$ par une ligne droite qui va rencontrer l'arc elliptique en m', et le point o'' est le centre de courbure de la portion d'arc elliptique am' dont le rayon est om''.

Si la voûte proposée était très oblique et que le degré d'aplatissement de la section droite fût considérable, le tracé de cette courbe exigerait l'emploi d'un plus grand nombre de rayons de courbure.

On pourrait, dans ce cas, au lieu d'une moyenne géométrique entre les rayons extrêmes R, r, en insérer deux; ce qui donnerait la progression : $\div \frac{a^2}{b} : a : b : \frac{b^2}{a}$, dont la raison est $\frac{b}{a}$.

Il est remarquable qu'alors les rayons moyens seraient représentés par les demi-axes a et b de l'ellipse; il est vrai que la question serait ainsi susceptible d'une foule de solutions, et qu'il faudrait s'imposer une condition nouvelle, comme, par exemple, d'avoir entre les angles au centre des relations déterminées. Mais l'examen de cette question, sans être ici d'une grande utilité, nous obligerait à sortir des bornes que nous devons nous prescrire dans ce travail.

Pour opérer le développement du cylindre de douelle sur le plan horizontal des naissances, il suffit de remarquer que dans le mouvement qui doit se produire, chaque point de la surface cylindrique décrira autour des génératrices de cette surface, prises successivement comme charnières, une suite d'arcs de cercle qui tous seront compris dans un plan perpendiculaire à l'axe du cylindre.

Chaque point devra de plus se trouver éloigné de la charnière principale, c'est-à-dire de la ligne AC des naissances (fig. 10), d'une distance égale au développement de l'arc compris entre ce point considéré dans sa position initiale et la ligne charnière.

Ainsi, en portant sur la ligne KB′, perpendiculaire à la ligne des naissances, les distances K1′ ; 1′,2′ ; 2′,3′ ; 3′,4′ ; 4′,5′′ ; etc., égales aux longueurs K1 ; 1,2 ; 2,3 ; 3,4 ; 4,5′ etc., prises sur l'arc de développement ou de section droite, les lignes menées par ces nouveaux points, parallèlement à la ligne des naissances, détermineront, sur le développement, la position des génératrices du cylindre passant par les premiers points.

Pour obtenir la sinusoïde dans laquelle se transforme la courbe de tête, considérons une génératrice quelconque, par exemple celle qui se projette en HO sur le plan des naissances et se rabat en H′F sur le développement de la douelle.

On vient de voir que, pendant le développement, chaque point de la douelle demeure constamment dans un plan perpendiculaire aux génératrices. Il suit de là que le point de la courbe de tête qui se projette en H doit se rabattre en un certain point de la ligne HH′, normale à BD. D'ailleurs le même rabattement se trouve nécessairement sur celui de la génératrice qui le renferme. Donc, le point projeté en H ira prendre la position H′, située à l'intersection de HH′ et du rabattement H′F de la génératrice. Donc aussi, le point H′ appartient à la sinusoïde.

En opérant de la même manière sur un grand nombre de génératrices, on obtient des points de cette courbe en nombre suffisant pour pouvoir la tracer à l'aide d'un patron ou pistolet.

Il est inutile de répéter cette opération pour obtenir la courbe développée de l'autre arc de tête et de ceux qui limitent à l'intérieur la douelle des voussoirs de têtes.

On peut tracer directement ces courbes, en se guidant sur les points extrêmes, à l'aide d'un panneau en corne découpé exactement sur la sinusoïde déjà déterminée. A défaut de panneau, il est facile d'obtenir toutes ces courbes en rapportant à une ligne déterminée KB′ par exemple, les longueurs de génératrices limitées par le tracé de la première courbe.

Recherchons actuellement les moyens d'arrêter l'appareil des têtes et de la douelle.

Dans cette opération, il faut tenir compte des observations que nous avons déjà présentées dans la description du système, et qui sont relatives à la direction de l'hélice et de sa transformée, et à leur déviation.

La ligne CS', menée perpendiculairement à la corde AB du développement de l'arc de tête, détermine la direction de la transformée de l'hélice théorique passant par le point C.

Il faut s'assurer tout d'abord si la largeur B'S est suffisante pour former une ou plusieurs assises de voussoirs de têtes, et si conséquemment il devient inutile de dévier la direction de l'hélice.

On peut prendre cette largeur à l'échelle, ou encore, calculer B'S' et prendre sans erreur sensible cette longueur pour la valeur de l'arc B'S. Nous indiquerons plus loin une méthode propre à calculer rigoureusement la valeur de cet arc.

Dans le cas où cette largeur serait reconnue convenable, c'est-à-dire peu différente ou sensiblement un multiple de l'épaisseur à donner aux voussoirs de la voûte, suivant l'exigence de ses dimensions, il suffirait d'opérer la division en voussoirs de la moitié du développement de l'arc de tête, de manière à obtenir pour toute la tête un nombre impair de voussoirs tels que la largeur de chacun s'éloigne le moins possible de la largeur SB' ou d'une partie aliquote de cet arc.

La longueur de douelle des voussoirs de têtes ayant été arrêtée, on portera cette longueur à partir des arcs de têtes transformés AB', CD', le long des diverses génératrices tracées sur le développement, et les nouvelles courbes, formées de la réunion des différents points ainsi obtenus sur les génératrices, limiteront les zones de douelle des deux têtes de la voûte.

Par les points de division des voussoirs, on mènera ensuite des parallèles à la transformée de l'hélice, et ces lignes traceront sur le cylindre développé les transformées des hélices de joints longitudinaux, qui doivent limiter sur la surface cylindrique la douelle des cours de voussoirs continus.

Afin de pouvoir employer pour la construction de la douelle entre les têtes des matériaux de petites dimensions, chaque zone de douelle appartenant à un même cours de voussoirs devra être subdivisée en deux ou trois assises de même largeur.

Toutes ces hélices formeront sur le cylindre les directrices suivant lesquelles les lits ou joints longitudinaux doivent être engendrés par la suite des normales aux sections parallèles à la courbe de tête.

Les lits ou joints discontinus auront pour directrices, non des courbes parallèles aux arcs de têtes, mais des hélices normales aux hélices longitudinales menées par les axes des cours de voussoirs, et dont les transformées, sur le plan de développement, sont des lignes droites perpendiculaires aux transformées des hélices longitudinales.

Les surfaces de joints, au lieu d'être des surfaces planes, seront alors des surfaces gauches, engendrées par la suite des normales au cylindre le long des hélices transversales.

On pourra figurer dans le développement la trace de ces lignes de joint sur la douelle, en coupant alternativement les cours de moellons par des lignes menées perpendiculairement aux transformées des axes hélicoïdaux des différents cours de voussoirs.

Par ces légères modifications, on s'éloigne comme nous l'avons dit des conditions que prescrit la théorie, et la poussée ne se trouve plus exactement dirigée dans un plan parallèle aux têtes ; mais les conséquences de cette perturbation n'ont pas la moindre gravité, et on a l'avantage d'avoir, pour lignes de joint, deux systèmes de courbes se coupant à angles droits, et pour surfaces de joints transversaux, des surfaces gauches se coupant avec la surface de douelle et avec les surfaces de joints longitudinaux suivant des angles dièdres et trièdres sensiblement droits.

Par ce moyen on supprime tous les angles aigus dans les matériaux de la douelle ; conséquemment on augmente leur résistance et par suite la solidité de la construction.

Il est bon de remarquer qu'en raison du peu de largeur des moellons de douelle, on n'a pas besoin de se préoccuper de la surface gauche des joints transversaux, et que le lit de chaque moellon, pris isolément, peut être taillé simplement, suivant une surface plane.

Les assises qui ne se trouvent pas comprises entre deux voussoirs correspondants des deux têtes viennent rencontrer les naissances suivant une direction oblique, et se terminent en forme de sifflet d'un angle le plus souvent très-aigu. Pour faire disparaître ces angles aigus et éviter ainsi une cause de rupture, on termine chaque assise de moellons par un plan perpendiculaire aux hélices de joints ; la suppression radicale du sifflet permet alors aux assises de moellons de venir s'appuyer sur une assise en pierres de taille placée à la hauteur des naissances, et entaillée en forme de crémaillère. Les pierres dont se composent cette crémaillère prennent le nom de crossettes ou de coussinets. Ces crossettes dessinent sur la surface cylindrique un triangle curviligne *rtq* déterminé par les deux systèmes de courbes de joints et par la portion de la ligne des naissances qui est interceptée entre ces joints. Elles sont naturellement figurées sur la surface de développement, par les transformées des hélices menées par les points où ces lignes de joints se rencontrent sur la ligne des naissances.

Les projections des lignes de joints ne peuvent être d'aucune utilité pour la construction ; mais il est bon de savoir les tracer sur les plans de projection, ne serait-ce que pour compléter le dessin et bien faire voir tle mode d'appareil. A cet effet, des différents points d'intersection du rabatement des génératrices et de chaque hélice telle que B'S″, on mène les lignes projetantes aa', bb', ee', zz',..... $a'a''$, $b'b''$, $e'e''$, $z'z''$..... etc., les deux plans de projection, et les points où ces lignes rencontrent les projections des génératrices correspondantes sont autant de points qui appartiennent, soit à la projection horizontale, soit à la projection verticale de l'hélice.

On détermine par ce moyen les projections de l'hélice totale du cylindre en prolongeant la transformée B'S″ jusqu'à la rencontre de la ligne des naissances en Z.

On découpe des panneaux ou patrons en corne très-mince, suivant la courbure des projections déterminées, et à l'aide de ces panneaux on trace les projections de toutes les hélices de joints, en remarquant toutefois que toutes les portions d'hélices interceptées entre deux mêmes génératrices de douelle doivent être exactement semblables de forme et de grandeur.

Après avoir déterminé sur la surface de développement la division des voussoirs et le réseau des lignes de joints, il ne reste plus, pour terminer la partie du dessin qui constitue l'épure d'appareil, qu'à construire l'épure de l'appareil des têtes.

Afin de mieux faire comprendre les relations qui existent entre les lignes tracées sur la surface de développement et celles qu'il faut déterminer pour l'appareil des têtes, nous supposerons le plan de tête et celui qui lui est parallèle et qui passe par l'extrémité de la douelle des voussoirs, suivant la ligne cd, rabattus sur le plan horizontal des naissances, autour de leurs traces CD et cd comme charnières.

La trace des intersections des cylindres d'intrados et d'extrados, avec le plan de tête, sera déterminée sur le plan des naissances par deux arcs de cercle concentriques, décrits du point o comme centre, avec les rayons de la section oblique qui se projette suivant la ligne CD des cylindres d'intrados et d'extrados.

Les sections opérées sur les deux cylindres par le plan vertical dont la trace horizontale est suivant cd, déterminent également deux arcs de cercle de mêmes rayons que les premiers, et décrits du point o' comme centre. On aura la projection de ces arcs de cercle sur le plan des naissances en projetant leur centre o' sur la ligne CD en o'', et en décrivant ces deux arcs de cercle de ce dernier point o'' comme centre.

Il suffira pour arrêter le bandeau et la douelle de la tête de la voûte, d'envelopper sur les deux arcs de cercle d'intrados, conçus dans leurs véritables positions, leurs transformées CFD', dfc'; de mener par les points de division tracés sur ces arcs par leurs transformées, les normales ou joints de têtes, et de tracer des lignes droites entre les points correspondants de cette division sur les deux arcs de cercle. Ces dernières donneront les joints de douelle et d'extrados des voussoirs.

On obtiendra la projection horizontale des lignes de joints de douelle, en projetant chacun des points de division des deux arcs de cercle d'intrados sur celle des lignes CD, *cd*, qui est située avec lui dans un même plan vertical, et en joignant, par des lignes droites, les points correspondants ainsi obtenus sur ces deux lignes.

Ces hélices de joints ne se projettent pas suivant des lignes droites comme nous le supposons ici ; mais l'expérience fait voir que dans les conditions ordinaires, et avec les dimensions que l'on donne généralement aux voussoirs, la courbure de ces lignes dans l'étendue d'un voussoir est peu sensible, et que l'on peut le plus souvent ne pas en tenir compte.

L'application que donne notre fig. 10, et que nous avons choisie parmi beaucoup d'autres à cause du petit rayon de courbure de la voûte et des difficultés d'appareil qui doivent en être la conséquence, se présente assez rarement dans la pratique.

Les voûtes que l'on construit ont généralement une ouverture au moins double de celle-ci, et le rapport entre le rayon de courbure et la longueur de la voûte est ordinairement dans des conditions plus avantageuses. Néanmoins, l'exécution n'a donné dans cette voûte que $0^m,005$ pour la flèche de courbure de l'hélice de joint d'un voussoir, mesurée au milieu de cette hélice.

Nous verrons du reste plus loin, que, dans les moyens d'exécution employés pour effectuer la taille des voussoirs, on peut tenir compte de cette courbure.

Si l'on voulait avoir rigoureusement les projections des lignes de joints avec leur véritable courbure, il suffirait de couper la surface de douelle des voussoirs par une série de plans parallèles aux têtes, et de déterminer sur la surface de développement les transformées des sections faites par ces plans sur le cylindre de douelle.

On envelopperait ensuite ces courbes sur les arcs de cercle correspondants, et l'on continuerait à opérer comme nous l'avons montré dans la détermination des points extrêmes de chaque hélice de joint.

Dans la détermination des largeurs des cours de voussoirs continus, quelques constructeurs procèdent d'une manière inverse ; ils arrêtent tout d'abord l'appareil des têtes, et, après avoir développé l'arc de tête ainsi divisé d'avance, ils dévient la direction des transformées des hélices théoriques, en les faisant passer par les points de division déterminés. Cette manière de procéder nous paraît vicieuse. Il y a, en effet, un avantage incontestable à subordonner la largeur des voussoirs de tête à la retombée de l'hélice théorique.

Ce qui précède est suffisant pour déterminer sur le dessin toutes les lignes qui sont d'une utilité plus ou moins grande pour l'appareil d'une voûte hélicoïdale.

Il ne reste plus, pour compléter ce dessin, qu'à tracer par les moyens ordinaires l'élévation et les coupes de l'ensemble de l'ouvrage.

PROCÉDÉS THÉORIQUES POUR DÉTERMINER ANALYTIQUEMENT ET GRAPHI-QUEMENT LES DIVERS ÉLÉMENTS DU SYSTÈME HÉLICOÏDAL A SECTION DROITE ELLIPTIQUE.

1° *Formules applicables au dessin de l'appareil et au tracé de l'épure sur le terrain.*

Soit *fig.* 10, La largeur du cylindre elliptique. . . . . . . $= l$

L'angle du biais. . . . . $= \theta$

L'obliquité de la voûte ou CN . . . . $= Z$

Le rayon de l'arc de tête . . . . $= R$

La longueur entre les plans de têtes. . . . . $= L$

    Id.   des piédroits . . . . $= L'$

Le développement de l'arc elliptique de section droite. . . . . $= D$

L'angle hélicoïdal. . . . . $= \varphi$

Le triangle CDN (*fig.* 10) donne :

$$CN = Z = DN \, cot \, \theta = l \, cot \, \theta. \quad . \quad . \quad . \quad (a)$$

$$R = \frac{l}{2 \, sin \, \theta} \quad . \quad . \quad . \quad . \quad (b)$$

La longueur BD du piédroit est donnée par le triangle rectangle dont cette ligne est l'hypoténuse, et dont les côtés de l'angle droit sont formés de la ligne DC prolongée, et de la perpendiculaire L abaissée du point B sur cette ligne.

De ce triangle on déduit :

$$BD = L' = \frac{L}{sin \, \theta} \quad . \quad . \quad . \quad . \quad (c)$$

Nous indiquerons ci-après la valeur analytique de la ligne ND' qui est égale au développement D de l'arc elliptique de section droite.

Dans les triangles CND' et B'S''D', on trouve :

$$tang \, ND'C = \frac{CN}{D} = \frac{l \, cotang \, \theta}{D} = tang \, \varphi \quad . \quad . \quad . \quad (d)$$

équation qui donne la valeur de l'angle hélicoïdal que forme la transformée de l'hélice avec la génératrice de la surface de douelle ;

$$CD' = \frac{D}{\cos \varphi} \quad \ldots \ldots \quad (e)$$

$$D'S'' = AS' = BD \sin \varphi = \frac{L \sin \varphi}{\sin \theta}$$

et par suite :

$$CS'' = B'S' = CD' - D'S'' = \frac{D}{\cos \varphi} - \frac{L \sin \varphi}{\sin \theta} \quad \ldots \ldots \quad (f)$$

Cette dernière équation peut donner, dans certains cas, la valeur approximative de l'arc B'S.

2° *Réduction des formules concernant la rectification de l'ellipse pour servir au calcul de la section droite.*

Les traités spéciaux renferment, pour la rectification de l'ellipse, des séries ordonnées suivant les puissances croissantes de l'excentricité de cette courbe. Mais lorsqu'il s'agit d'un arc elliptique quelconque, la composition des termes de la série est telle qu'on ne peut l'employer aisément qu'après lui avoir fait subir des modifications importantes à l'aide des propriétés des lignes trigonométriques.

Nous croyons donc que le calcul de ces transformations ne sera pas sans intérêt pour beaucoup de nos lecteurs, et nous allons le développer (*).

Soit donnée une ellipse (*fig.* 8) AcB*d* ayant pour petit axe *cd* et pour grand axe AB. On propose de rectifier un arc quelconque *mm*, de cette courbe.

On sait que l'équation de l'ellipse rapportée à ses axes est

$$\frac{x^2}{a^2} + \frac{y^2}{b^2} = 1. \qquad \text{(Formule n° 1.)}$$

a et *b* désignant respectivement le demi-grand axe et le demi-petit axe.

D'un autre côté, la différentielle d'un arc S dans une courbe plane quelconque s'exprime par

$$ds = dx \sqrt{1 + \left(\frac{dy}{dx}\right)^2} \quad \ldots \quad (2)$$

x et *y* étant l'abscisse et l'ordonnée de l'extrémité variable de cet arc.

(*) Les développements qui suivent, concernant la réduction des formules de rectification de l'ellipse, sont dus à notre honorable collègue et ami Lanvin, qui a bien voulu nous prêter dans ce travail l'appui de son intelligence et de son savoir.

En substituant pour $\dfrac{dy}{dx}$ dans l'équation (2) sa valeur déduite de l'équation (1), on trouve

$$ds = dx \sqrt{1 + \frac{b^2}{a^2} \times \frac{x^2}{a^2 - x^2}} \quad \ldots \ldots \quad (3)$$

pour la différentielle de l'arc elliptique.

Si l'on considère dans l'ellipse l'arc cm ou S et qu'on fasse $op = x_1$ et $pm = y_1$, la valeur de cet arc s'obtiendra par l'intégration de l'équation (3) depuis $x = o$ jusqu'à $x = x_1$; ce qui s'exprime ainsi :

$$S = \int_o^{x_1} dx \sqrt{1 + \frac{b^2}{a^2} \times \frac{x^2}{a^2 - x^2}} = \int_o^{x_1} dx \sqrt{\frac{a^4 - (a^2 - b^2) x^2}{a^2 (a^2 - x^2)}}. \quad (4)$$

Cette intégrale se simplifie en y introduisant l'excentricité $e = \sqrt{\dfrac{a^2 - b^2}{a^2}}$ de l'ellipse. Il suffit pour cela d'écrire partout $a^2 e^2$ au lieu de $a^2 - b^2$ dans l'intégrale (4) qui devient alors

$$S = \int_o^{x_1} dx \sqrt{\frac{a^2 - e^2 x^2}{a^2 - x^2}}$$

L'emploi des lignes trigonométriques peut simplifier de nouveau cette dernière intégrale, en observant que dans l'ellipse le rapport $\dfrac{x}{a}$ est toujours moindre que l'unité, et qu'on peut le supposer égal au cosinus d'un arc φ.

On voit d'ailleurs que cet arc φ n'est autre que l'arc circulaire BM décrit sur AB comme diamètre, et limité par la même ordonnée pM que l'arc elliptique cm, mais dirigé en sens contraire.

L'hypothèse $\dfrac{x}{a} = \cos \varphi$ donne par la différentiation : $dx = - a \sin \varphi \, d\varphi$ et

$$S = - a \int_{\frac{\pi}{2}}^{\varphi} d\varphi \sqrt{1 - e_2 \cos^2 \varphi} \quad \ldots \ldots \quad (5)$$

car il faut observer que les limites o et x_1 de l'intégrale deviennent respectivement $\dfrac{\pi}{2}$ et φ.

En développant le radical $\sqrt{1 - e^2 \cos_2 \varphi} = (1 - e_2 \cos_2 \varphi)^{\frac{1}{2}}$ comme une puissance fractionnaire, l'intégrale (5) prend la forme

$$S = a \left(\frac{\pi}{2} - \varphi \right) + a \int_{\frac{\pi}{2}}^{\varphi} d\varphi \left(\frac{e_2}{2} \cos^2 \varphi + \frac{1}{2} \cdot \frac{e^4}{4} \cos^4 \varphi + \frac{1}{2} \cdot \frac{3}{4} \cdot \frac{e^6}{6} \cos^6 \varphi + \ldots \right) (6)$$

L'intégrale de chaque terme de cette série dépend de la formule générale

$$\int dx \cos^n x = \frac{\sin x \cos^{n-1} x}{n} + \frac{n-1}{n} \int dx \cos^{n-1} x,$$ qui donne successivement :

$$\int d\varphi \cos^2 \varphi = \frac{1}{2} \sin \varphi \cos \varphi + \frac{1}{2} \varphi + C ;$$

$$\int d\varphi \cos^4 \varphi = \frac{1}{4} \sin \varphi \cos^3 \varphi + \frac{1}{2} \cdot \frac{3}{4} \sin \varphi \cos \varphi + \frac{1}{2} \cdot \frac{3}{4} \varphi + C_1 ;$$

$$\int d\varphi \cos^6 \varphi = \frac{1}{6} \sin \varphi \cos^5 \varphi + \frac{1}{4} \cdot \frac{5}{6} \sin \varphi \cos^3 \varphi + \frac{1}{2} \cdot \frac{3}{4} \cdot \frac{5}{6} \sin \varphi \cos \varphi + \frac{1}{2} \cdot \frac{3}{4} \cdot \frac{5}{6} \varphi + C_2 ; \ldots \ldots$$

$$\ldots \ldots \ldots \ldots \ldots \ldots$$

C, C_1, C_2....., désignant les constantes nécessaires pour donner aux intégrales toute leur généralité.

En prenant les intégrales depuis $\varphi = \dfrac{\pi}{2}$ jusqu'à $\varphi = \varphi$, les formules précédentes deviennent :

$$\int_{\frac{\pi}{2}}^{\varphi} d\varphi \cos^2 \varphi = \frac{1}{4} \sin 2\varphi - \frac{1}{2} \left(\frac{\pi}{2} - \varphi \right) = \frac{1}{4} \left\{ \sin 2\varphi - \left(\pi - 2\varphi \right) \right\}$$

$$\int_{\frac{\pi}{2}}^{\varphi} d\varphi \cos 4\varphi = \frac{1}{16} \left\{ 4 \sin 2\varphi + \frac{1}{2} \sin 4\varphi - 3 \left(\pi - 2\varphi \right) \right\}$$

$$\int_{\frac{\pi}{2}}^{\varphi} d\varphi \cos^6 \varphi = \frac{1}{48} \left\{ 11 \sin 2\varphi + \frac{9}{4} \sin 4\varphi + \frac{1}{2} \sin 4\varphi \cos 2\varphi - \frac{15}{2} \left(\pi - 2\varphi \right) \right\} = \frac{1}{192} \left\{ 45 \sin 2\varphi + 9 \sin 4\varphi + \sin 6\varphi - 30 \left(\pi - 2\varphi \right) \right\}$$

$$\ldots \ldots \ldots \ldots \ldots \ldots$$

$$\ldots \ldots \ldots \ldots \ldots \ldots$$

Au moyen de ces diverses valeurs, la série (6) peut s'écrire sous la forme :

$$S = \frac{1}{2} a \left(\pi - 2\varphi \right) - \frac{a}{8} \left\{ \left(\pi - 2\varphi \right) - \sin 2\varphi \right\} e^2 - \frac{a}{256} \left\{ 6 \left(\pi - 2\varphi \right) - 8 \sin 2\varphi - \sin 4\varphi \right\} e^4 - \frac{a}{3072} \left\{ 30 \left(\pi - 2\varphi \right) - \right.$$

$$- 15 \sin 2\varphi - 9 \sin 4\varphi - \sin 6\varphi \left\{ e^6 - , \text{ etc., etc. (7)} \right.$$

La série précédente se rapporte à l'arc cm, dont l'origine est au sommet du petit axe de l'ellipse.

On peut la simplifier un peu en faisant $\pi - 2\varphi = \alpha$, d'où

$$\sin 2\varphi = \sin\left(\pi - \alpha\right) = \sin \alpha; \ \sin 4\varphi = \sin\left(2\pi - 2\alpha\right) = -\sin 2\alpha;$$

$$\sin 6\varphi = \sin\left(3\pi - 3\alpha\right) = \sin 3\alpha, \text{ etc., etc.}$$

Et en écrivant, au lieu de l'arc cm, ou s, la valeur double mcm_2, ou S, qui correspond à l'arc circulaire MCM_2, ou α, il vient ainsi : $\dfrac{mm_2}{a} =$

$$\frac{2s}{a} = \frac{S}{a} = \alpha - \left\{ \alpha - \sin \alpha \right\} \frac{e^2}{4} - \left\{ 6\alpha - 8 \sin \alpha + \sin 2\alpha \right\} \frac{e^4}{128} -$$

$$\left\{ 30\alpha - 45 \sin \alpha + 9 \sin 2\alpha - \sin 3\alpha \right\} \frac{e^6}{1536} - \text{ etc., etc. (8)}$$

En faisant dans cette dernière formule $\alpha = \pi$, on obtiendra pour la rectification de la moitié de l'ellipse désignée par S_1,

$$\frac{S_1}{a} = \pi \left\{ 1 - \frac{e^2}{4} - \frac{3e^4}{64} - \frac{5e^6}{256} - \cdots \right\} \cdots (9)$$

Si l'on retranche les équations (8) et (9), membre à membre, et qu'on appelle S_2 l'arc mBm', on aura :

$$\frac{S_1}{a} - \frac{s}{a} = \frac{S_2}{a} = \left(\pi - \alpha\right) - \left\{ \left(\pi - \alpha\right) + \sin \alpha \right\} \frac{e_2}{4} - \left\{ \right.$$

$$\left. 6\pi - 6\alpha + 8 \sin \alpha - \sin 2\alpha \right\} \frac{e^4}{128} - \left\{ 30\pi - 30\alpha + 45 \sin \alpha - \right.$$

$$\left. - 9 \sin 2\alpha + \sin 3\alpha \right\} \frac{e^6}{1536} - , \text{ etc.} \ldots \ldots \ldots (10)$$

En faisant $\pi - \alpha = \alpha_1$, d'où $\sin \alpha = \sin(\pi - \alpha_1) = \sin \alpha_1$; $\sin 2\alpha = \sin(2\pi - 2\alpha_1) = -\sin 2\alpha_1$; $\sin 3\alpha = \sin(3\pi - 3\alpha_1) = \sin 3\alpha_1$, la valeur de S_2 prendra la forme :

$$\frac{S_2}{a} = \alpha_1 - \left\{ \alpha_1 + \sin_1 \right\} \frac{e^2}{4} - \left\{ 6\alpha_1 + 8 \sin \alpha_1 + \sin 2\alpha_1 \right\} \frac{e^4}{128} -$$

$$- \left\{ 30\alpha_1 + 45\alpha_1 + 9 \sin 2\alpha_1 + \sin 3\alpha_1 \right\} \frac{e^6}{1536} - \ldots \ldots (11)$$

On peut remarquer que x_1 désigne l'arc circulaire MBM′ correspondant à l'arc elliptique $mBm^1 = S_2$.

Enfin, la valeur de l'arc mm_1 s'obtiendra par la différence des arcs em et em_1, ou des arcs Bm_1 et Bm calculés par les séries précédentes.

Ces diverses formules peuvent être ramenées à la formule (8); car de celle-ci on déduit, comme on l'a vu, la formule (9) par l'hypothèse de $\alpha = \pi$; et en changeant dans (8) le signe des sinus dont les arcs sont des multiples impairs de α, c'est-à-dire de $sin\,\alpha$, $sin\,3\,\alpha$, etc....., on retombe sur la formule (11).

Application des résultats précédents au calcul des sections droites dans les voûtes biaises à têtes circulaires.

Soit une voûte biaise (*fig.* 9), dont la courbe de tête AMbB forme un plein cintre. AA′ BB′ étant le plan des naissances, l'angle du biais ste représenté par BAA′. Si par le point B on imagine un plan normal à l'axe OS′ de la voûte, ce plan déterminera sur la douelle une section elliptique que l'on peut rabattre suivant A′S′B′, comme nous l'avons indiqué précédemment.

On voit que cette section droite a pour grand axe le diamètre AB du cercle de tête. Quant au petit axe, on peut l'évaluer comme il suit : soit fait $AB = 2\,a$, angle $BAA' = \theta$; l'expression de A′B donnée par le triangle rectangle ABA′ est $A'B = AB\,sin.\,BAA' = 2\,a\,sin\,\theta$.

L'excentricité de l'ellipse, dont la valeur générale est $e = \sqrt{\dfrac{\overline{AB^2} - \overline{A'B^2}}{\overline{AB^2}}}$

devient en substituant pour AB et A′B leurs valeurs : $\sqrt{\dfrac{4\,a^2 - 4\,a^2\,sin^2\,\theta}{4\,a_2}} =$

$$= \sqrt{\frac{a^2 - a^2\,sin^2\,\theta}{a^2}} = \sqrt{\frac{a^2\,(1 - sin\,\theta)^2}{a^2}} = \sqrt{1 - sin^2\,\theta} = cos\,\theta.$$

C'est-à-dire que, dans les voûtes biaises à têtes circulaires, l'excentricité de la section droite est égale au cosinus de l'angle du biais.

En plaçant l'ellipse A′S′B′ de manière que son sommet S′ coïncide avec le sommet S de la courbe de tête, en même temps que l'axe O.S, avec le rayon OS, on voit clairement que tout plan horizontal coupe la courbe de tête et la section droite suivant des arcs que l'on a appelés correspondants dans la théorie de la rectification de l'ellipse. L'arc circulaire MSb est donc celui qu'on devra faire entrer dans la formule (11), pour calculer l'arc M′S′B′ déterminé par le même plan horizontal. On a vu d'ailleurs que dans la question spéciale dont il s'agit, la quantité e doit être remplacée dans les formules par $cos.\,\theta$.

Ces conséquences sont générales, et elles s'appliquent aux arcs elliptiques de toute amplitude.

En appelant donc α l'arc circulaire MSb (*fig.* 9), la valeur de son correspondant M'S'b' sera :

$$\text{arc } \frac{\text{M'S'}b'}{a} = \alpha - \left\{ \alpha + \sin \alpha \right\} \frac{\cos^2 \theta}{4} - \left\{ 6\,\alpha + 8\,\sin \alpha + \sin 2\,\alpha \right\} \frac{\cos^4 \theta}{128} -$$

$$- \left\{ 30\,\alpha + 45\,\alpha + 9\,\sin 2\,\alpha + \sin 3\,\alpha \right\} \frac{\cos^6 \theta}{1536}$$

Dans la pratique, la formule (12) ci-dessus peut être réduite à la suivante, et donner une approximation suffisante dans la plupart des cas :

$$\text{arc } \frac{\text{M'S'}b'}{a} = \alpha - \left\{ \alpha + \sin \alpha \right\} \frac{\cos^2 \theta}{4} \quad \ldots \ldots \quad (13)$$

Une observation importante qu'il faut faire dans les calculs, c'est que $\cos \theta$, α, $\sin \alpha$, $\sin 2\alpha$, $\sin 3\alpha$........ sont de simples rapports d'arcs, de sinus et de cosinus au rayon. α n'est donc pas la valeur absolue de l'arc circulaire MSb, mais le quotient de cet arc divisé par le rayon oA, ou la valeur rectiligne de cet arc, en supposant le rayon égal à l'unité ; et $\cos \theta$, $\sin \alpha$, $\sin 2\alpha$, $\sin 3\alpha$........ sont les cosinus et sinus naturels des arcs θ, α, 2α, 3α....... etc.

On peut trouver immédiatement l'excès de l'arc MSb sur l'arc M'S'b' divisé par le rayon oA, en écrivant la formule (11) de la manière suivante :

$$\frac{a\,\alpha - \text{arc M'S'}b'}{a} = \left\{ \alpha + \sin \alpha \right\} \frac{\cos^2 \theta}{4} + \left\{ 6\,\alpha + 8\,\sin \alpha + \sin 2\,\alpha \right\}$$

$$\left\{ \frac{\cos^4 \theta}{128} + \left\{ 30\,\alpha + 45\,\sin \alpha + 9\,\sin 2\,\alpha + \sin 3\,\alpha \right\} \frac{\cos^6 \theta}{1536} + \right.$$

$$+ \ldots \ldots \ldots \ldots \ldots \ldots \ldots \ldots \ldots \quad (14)$$

Dans l'application des formules (12), (13) et (14) ci-dessus, il est nécessaire d'élever $\cos \theta$ aux puissances paires successives ; or il est facile de transformer cette élévation de puissances en de simples additions, à l'aide de la formule de MOIVRE dont les propriétés sont analogues à celles des logarithmes ; cette formule donne :

$$\cos^2 \theta = \frac{1 + \cos 2\theta}{2}$$

$$\cos^4 \theta = \frac{1}{8} \left(3 + 4 \cos 2\theta + \cos 4\theta \right)$$

$$cos^6 \theta = \frac{1}{32}\left(10 + 15\,cos\,2\,\theta + 6\,cos\,4\,\theta + cos\,6\,\theta\right) \text{ etc., etc.}$$

3° *Déterminer l'angle formé par la tangente à la courbe de tête en un point* M, *et la génératrice passant au même point.*

pM étant la tangente au point M (*fig.* 11), on prendra pour ligne de terre l'horizontale $a'm$ menée par le point considéré. Les projections de la génératrice qui passe par le point M seront a'M dans le plan vertical, et Ma dans le plan horizontal, l'angle a'Ma étant égal au biais de la voûte.

On mènera ensuite la ligne projetante aa' d'un point quelconque (a, a') de la génératrice. Du point a' on abaissera $a'p$ perpendiculaire à la tangente pM, et l'on joindra par la pensée le point p avec le point (a, a').

La ligne qui opère cette jonction sera perpendiculaire à pM. Pour l'avoir en vraie grandeur, on rabattra autour de $a'p$ le triangle rectangle dont elle est l'hypoténuse, $a'p$, aa' étant les côtés de l'angle droit. Le rabattement de ce triangle est donc $a'p$A′, et pA′ est la perpendiculaire cherchée.

On rabat enfin le triangle rectangle dont pm et pA′ sont les côtés de l'angle droit, et l'angle pmA″ de ce rabattement est celui qui fait l'objet de la question.

L'expression analytique du même angle s'obtient en suivant pas à pas les constructions graphiques qui viennent d'être faites.

A cet effet, on posera: angle $a'ma = \theta$; $a'm = 1$; angle $a'mp = $ arc $ms = \beta$; et angle pmA″ $= \varphi$; d'où l'on déduira: $aa' = tang\,\theta$; $a'p = sin\,\beta$; $pm = cos\,\beta$.

La considération des triangles $aa'm$, $a'p$A′, pmA″, donne aussi les relations suivantes :

$$\overline{p\text{A}'}^2 = sin_2\,\beta + tang_2\,\theta ;$$

$$\overline{\text{MA}''}^2 = cos_2\,\beta + sin^2\,\beta + tang^2\,\theta = 1 + tang^2\,\theta = sec^2\,\theta = \frac{1}{cos_2\,\theta}$$

d'où l'on tire :

$$cos\,\varphi = \frac{cos\,\beta}{\left(\frac{1}{cos\,\theta}\right)} = cos\,\theta\,cos\,\beta$$

En langage ordinaire, la dernière formule signifie que le cosinus de l'angle formé par la génératrice de douelle et la tangente à la courbe de tête qui passe au même point, est égal au produit des cosinus du biais et de l'arc compris entre le point considéré et le sommet de la voûte.

1re Scolie. — La formule précédente était facile à prévoir à l'aide des principes de la trigonométrie sphérique; car les angles φ θ et β sont les trois côtés d'un triangle sphérique rectangle, et de plus φ est l'hypoténuse de ce triangle. Or, la formule précédente est identique à celle qui exprime la relation des trois côtés du triangle rectangle sphérique.

2e Scolie. — On peut conclure, soit de la solution graphique, soit de la formule $cos\ \varphi = cos\ \theta\ cos\ \beta$, que l'angle formé par la tangente au sommet de la voûte, et la génératrice qui aboutit au même point, est égal au biais de la voûte. Et cela est évident *à priori*, si l'on observe qu'en ce point les deux côtés de l'angle dont il s'agit sont respectivement parallèles à ceux qui mesurent le biais de la voûte sur le plan des naissances.

On trouve aussi pour les voûtes en plein cintre, qu'à la naissance l'angle de la génératrice et de la tangente à la tête est égal au quadrant. En ce point, en effet, les deux côtés de l'angle sont, l'un horizontal, l'autre vertical. Ces différentes remarques peuvent être utiles pour le tracé du développement de la courbe de tête.

3e Scolie. — Le problème précédent n'est pas restreint aux têtes circulaires. La solution trouvée ci-dessus convient à toutes les courbes planes possibles ; seulement, alors β exprime l'angle de la tangente avec l'horizon, sans avoir de relation simple avec l'arc *ms*.

4° Déterminer l'angle formé en chaque point de la tête par la surface de douelle et le plan de tête, ou le rayon de la voûte qui passe au même point.

Soit considérée (*fig.* 9) une voûte biaise dont la courbe de tête est l'arc circulaire A MS B ; le plan des naissances ABB'A' ; l'axe de la voûte OS'. On propose de déterminer l'angle formé par le prolongement M*n*' d'un rayon quelconque OM et la surface de douelle dont la position est représentée par celle du plan tangent à cette douelle au point M.

On sait que ce plan tangent doit avoir pour trace sur le plan de tête, la droite C M tangente à la courbe AMSB, et sur le plan horizontal la droite MD' parallèle à la direction de l'axe OS' de la voûte.

La normale à ce plan tangent sera projetée verticalement suivant le rayon o M de la courbe de tête, et horizontalement suivant la ligne M*n* perpendiculaire à la trace horizontale MD' de ce plan. Or, l'angle cherché est complémentaire de l'angle formé par le rayon de la tête et par la normale dont il s'agit. Ces deux lignes ayant même projection verticale sont situées sur un même plan perpendiculaire à celui de la tête ; l'une d'elles, le rayon, est d'ailleurs sur le dernier plan lui-même. On pourra donc rabattre comme il suit l'angle cherché :

Par un point quelconque *p* de la trace M*b* du plan horizontal auxiliaire, on mènera la perpendiculaire *nn*' à cette trace, et les deux points *n, n*', seront les projections d'un même point M de l'espace situé sur la normale à la douelle. Si donc on élève au point *n*' sur M*n*' la perpendiculaire $n'N$ égale à pm et qu'on joigne MN, l'angle NMn' sera celui du rayon et de la normale à la voûte. Enfin si l'on élève sur Mn' la perpendiculaire MC, l'angle NMC sera l'angle cherché.

En se servant des constructions qui ont été faites pour la solution graphique, on peut arriver à une expression analytique de l'angle dont il s'agit.

Soit fait comme précédemment :

$$\text{angle } S'OB = \theta; \text{ angle } MCB = \text{arc } MS = \beta;$$

il viendra :

$$\text{angle } pMn = \pi - \text{angle } nMD' - \text{angle } D'Mb =$$

$$= \frac{1}{2}\pi - \theta; \text{ angle } pMn' = \frac{1}{2}\pi - \beta$$

Il est permis de supposer Mp égal à l'unité. Cette hypothèse donne

$$pn = \text{tang } pMn = \text{tang}\left(\frac{1}{2}\pi - \theta\right) = \text{cotg } \theta;$$

$$Mn' = \sec PMn' = \sec\left(\frac{1}{2}\pi - \beta\right) = \text{cosec } \beta = \frac{1}{\sin \beta}$$

$$\text{tang } NMn = \frac{Nn'}{Mn'} = \frac{\text{cotg } \theta}{\left(\dfrac{1}{\sin \beta}\right)} = \text{cotg } \theta \sin \beta$$

Or cette dernière valeur exprime en même temps la cotangente de l'angle NMC. Cet angle étant désigné par x, la formule analytique cherchée sera donc :

$$\text{Cotg } x = \text{cotg } \theta \sin \beta.$$

Traduite en langage ordinaire, cette expression signifie que la cotangente de l'angle formé par la douelle et le plan de tête, ou le rayon de la voûte en un point quelconque de l'arc de tête, est égale au produit de la cotangente de l'obliquité de la voûte et du sinus de l'arc compris entre le point considéré et le milieu de la clef.

5° Déterminer l'angle d'une droite quelconque, située dans le plan de tête, avec les génératrices du cylindre.

Soit une voûte biaise dont l'une des têtes projetée horizontalement en CD (*fig.* 12) soit rabattue en CED autour de sa trace horizontale, et soit Mm la droite considérée, faisant avec le plan horizontal des naissances un angle déterminé β. La génératrice qui passe par le point M, où la droite Mm coupe la courbe de tête, sera projetée horizontalement en M'n.

D'un point quelconque m de la droite proposée, abaissons la perpendiculaire mm' sur la ligne CD, et de son pied m' abaissons sur la projection horizontale M'n de la génératrice la perpendiculaire $m'n$.

Le plan de tête étant relevé dans sa véritable position, la ligne menée par les points m et n sera située dans un plan perpendiculaire à M'n. Elle est donc aussi perpendiculaire à cette ligne. D'où il suit que l'angle cherché appartient à un triangle rectangle en n, dont nM' est l'un des côtés de l'angle droit, et qui a pour hypoténuse la ligne considérée Mm.

Pour construire ce triangle, il suffit de prolonger la perpendiculaire nm' et de décrire du point M' comme centre avec un rayon égal à Mm l'arc de cercle dd' qui coupe la ligne $m'n$ au point m''. Joignant les points M' et m'', l'angle cherché sera nM'm''. Au lieu de cet angle on devrait prendre son supplément, si le point M'' était placé symétriquement au point M, de l'autre côté de l'axe de la voûte.

La valeur analytique de cet angle est facile à obtenir par la relation des lignes considérées dans la construction graphique. Soit toujours θ l'angle d'obliquité de la voûte ; β l'angle que fait la droite proposée avec l'horizon, et x l'angle cherché.

Des triangles mMc, $m'n$M'. nM'm'', on déduit les valeurs suivantes.

$$\mathrm{M'}m'' = m\mathrm{M} = \frac{c\mathrm{M}}{\cos \beta};$$

$$n\mathrm{M'} = m''\mathrm{M'} \cos x = \frac{c\mathrm{M}}{\cos \beta} \cos x ;$$

$$n\mathrm{M'} = \mathrm{M'}m' \cos \theta ;$$

Égalant les deux valeurs de M'n, il vient :

$$\frac{c\mathrm{M}}{\cos \beta} \cos x = \mathrm{M'}m' \cos \theta = c\mathrm{M} \cos \theta,$$

D'où $\cos x = \cos \theta \cos \beta$.

Cette formule est identique à celle qui résout le problème n° 3. Cela tient à ce que cette question n'offrait qu'un cas particulier de celle qui vient d'être traitée.

On verra plus loin que la détermination de l'angle ci-dessus est d'une grande importance pour la taille de la surface de douelle des voussoirs.

6° *Construction de l'angle formé par le joint de tête et le joint de douelle qui passent au même point de la courbe de tête.*

1re Méthode.

Considérons sur l'arc de tête (*fig.* 13) un point quelconque m, et soit mr le joint de tête proposé.

La tangente à l'hélice au point m est dans le plan tangent à la douelle au même point. Les traces de ce plan sont : sur le plan de tête pris pour plan vertical de projection, la normale mt au joint mr; et, sur le plan horizontal en m, la parallèle ms aux génératrices de la voûte.

Pour obtenir la position de la tangente à l'hélice, on rabattra sur le plan horizontal le plan tangent (rm, ms). A cet effet, soit menée sur la ligne de terre la ligne projetante tp d'un point quelconque t de la trace verticale mt, et du point p abaissons sur la trace horizontale ms la perpendiculaire indéfinie pqT'. On portera ensuite pt en pT sur la parallèle en p aux génératrices, et on joindra qT.

Le point **T**, ainsi obtenu, sera le rabattement autour de pq du point (t, p) considéré comme le sommet d'un triangle rectangle, dont la base est pq et la hauteur pt. De plus, l'angle pqT mesurera l'inclinaison du plan tangent sur l'horizon.

Si l'on veut avoir le rabattement du point (t, p) autour de la trace ms du plan tangent, on observera que, dans la vraie position du point T, la droite Tq est normale à la charnière ms, et qu'ainsi le point **T** doit aller se placer en T' sur la perpendiculaire qT' à la charnière ; qT' étant égale à qT.

Comme vérification de cette opération, on s'assurera que la trace mt est égale à la ligne mT', avec laquelle elle se confond dans le rabattement.

Le plan tangent occupant la position smT', l'hélice se dirigera suivant la ligne T'H' qui fait avec la charnière ms un angle égal à l'angle de déviation, lequel est connu par l'appareil de la douelle. Le rabattement de l'hélice se trouve ainsi déterminé.

Pour construire les projections de cette ligne, soit considéré un point quelconque H' du rabattement. Après avoir abaissé du point H' sur ms la perpendiculaire H's, on déterminera l'intersection H de l'arc décrit du centre s avec le rayon sH', et de la parallèle sH à la droite qT. Le point de rencontre h de H's prolongé de la parallèle hH à qs, sera la projection horizontale du point de l'hélice que l'on considère. La projection verticale du même point se trouvera sur la ligne projetante hh', et à une distance Jh' de la ligne de terre égale à Hh. Il suit de là que les projections de la tangente à l'hélice sont (mh, mh').

L'angle de l'hélice et du joint de tête mr est actuellement facile à trouver. Que par le point h' on abaisse sur mr la perpendiculaire h'K, cette dernière ligne pourra être regardée comme la base d'un triangle rectangle dont le sommet est (h, h'). Ce triangle se rabattra sur le plan vertical en Kh'H''.

Maintenant la ligne Km peut à son tour être prise pour le base d'un triangle rectangle ayant pour hauteur KH″; et l'angle qui dans ce triangle est opposé à KH″ est égal à l'angle cherché.

Soit donc rabattu ce nouveau triangle en mKH‴, de manière que KH‴=KH″; l'angle KmH‴ résoudra la question proposée.

2ᵉ Méthode.

La construction précédente est assez laborieuse par ce motif qu'on s'est imposé tacitement la condition de déterminer l'angle cherché à l'aide des seules données primitives, c'est-à-dire du biais de la voûte, de l'angle hélicoïdal et de la position du point de la courbe de tête par rapport au sommet de la voûte.

En admettant que l'on connaisse l'angle plan de la courbe de tête et de la génératrice, ainsi que l'angle dièdre formé par la douelle et le plan de tête, on pourra substituer à la première méthode la suivante qui est beaucoup plus expéditive.

Soit (fig. 14) tmr l'angle droit formé au point m par la tangente mt à l'arc de tête et le joint ou rayon mr. Supposons que l'angle formé par la tangente et l'hélice ait été rabattu sur le plan de tête autour de mt, et que la tangente à l'hélice vienne se placer suivant la ligne mh.

Par un point quelconque t de la tangente mt, soit menée la perpendiculaire hp à cette ligne; lorsque les faces hmt, tmr sont ramenées dans leurs positions respectives, les droites ht et tp mesurent évidemment l'angle dièdre du plan tangent et du plan de tête, lequel est supposé connu.

Si l'on rabat cet angle autour de tp, la ligne th prendra la direction th' qui fait avec tp l'angle donné.

D'ailleurs la distance th ne doit par varier; le point h ira donc se placer en un point h', tel que $th'=th$. Soit abaissé du point h' sur hp la perpendiculaire $h'p$; le pied p est la projection sur la face tmr du point rabattu en h, et mp la projection de la tangente à l'hélice.

Actuellement faisons tourner autour de mr le plan de cette tangente et du rayon; le point projeté en p décrira un cercle normal à la charnière mr; la trace de ce cercle sur la face tmr sera donc la ligne ph'' perpendiculaire à mr; et le point projeté en p devra se rabattre sur cette perpendiculaire, en un certain point h''. D'ailleurs on a nécessairement $mh''=mh$; le point h'' est donc déterminé en même temps que l'angle rmh'' cherché.

Expression analytique de l'angle précédent.

La dernière méthode qui vient d'être exposée permet d'arriver à l'expression analytique de l'angle formé par le rayon et l'hélice de joint.

Soit à cet effet désigné par ω l'angle de la tangente et de l'hélice; δ l'angle de la douelle et du plan de tête; x l'angle cherché. En supposant mh égal à l'unité, on a :

$$th' = th = \sin \omega;$$

$$mr = pt = th' \times \cos \delta = \sin \omega \cos \delta;$$

Or, à cause de $mh'' = mh = 1$, mr représente $\cos x$; donc $\cos x = \sin \omega \cos \delta \dots\dots\dots\dots\dots\dots\dots\dots\dots\dots(1)$

Pour avoir x il faut préalablement calculer ω et δ.

ω est égal à la somme des angles φ et β qui désignent : le premier, l'angle hélicoïdal; et le deuxième, l'angle de la génératrice avec la courbe de tête. L'angle φ dépend du développement de la douelle, et l'angle β du problème n° 3, qui donne :

$$\cos \beta = \cos \theta \cos \alpha \dots\dots\dots\dots\dots\dots(2)$$

θ étant, comme on sait, le biais et α l'arc compris entre le point m et le sommet de la voûte. On a aussi :

$$\sin \omega = \sin (\beta + \varphi) \sin \beta = \cos \varphi + \cos \beta \sin \varphi;$$

Et écrivant au lieu de $\sin \beta$, $\cos \beta$, les valeurs

$$\sin \beta = \sqrt{1 - \cos^2 \theta \cos^2 \alpha}; \quad \cos \beta = \cos \theta \cos \alpha,$$

qui dérivent de l'équation (2), on trouve :

$$\sin \omega = \cos \varphi \sqrt{1 - \cos^2 \theta \cos^2 \alpha} + \sin \varphi \cos \theta \cos \alpha =$$

$$= \cos \varphi \left\{ \cos \theta \cos \alpha . \, tang \, \varphi + \sqrt{1 - \cos^2 \theta \cos^2 \alpha} \right\} \dots\dots(3)$$

δ dépend (problème n° 4) de la relation :

$$cotg \, \delta = cotg \, \theta \sin \alpha,$$

d'où l'on tire :

$$\cos \delta = \frac{\cos \theta \sin \alpha}{\sqrt{1 - \cos^2 \theta \cos^2 \alpha}} \dots\dots\dots\dots(4)$$

Introduisant dans l'équation (1) les expressions (3) et (4), la formule

$$\cos x = \cos \theta \cos \varphi \sin \alpha \left\{ 1 + \frac{\cos \theta \cos \alpha \, tang \, \varphi}{\sqrt{1 - \cos^2 \theta \cos^2 \alpha}} \right\} \dots\dots(5)$$

fera connaître la valeur de l'angle cherché, en fonction des données primitives θ, α, φ, et sans le concours d'aucun angle intermédiaire.

Il est inutile de faire observer combien est précieuse la connaissance de l'angle x pour la taille des lits des voussoirs.

7° *Déterminer, en chaque point de l'hélice de douelle, l'angle formé par cette douelle et la surface gauche de joint des cours de voussoirs.*

Nous avons déjà dit que, dans les voûtes biaises hélicoïdales, les surfaces de joints des cours de voussoirs sont supposées engendrées par une droite qui se meut parallèlement aux plans de têtes, de manière à rester constamment perpendiculaire aux sections de la douelle parallèles à ces plans et conséquemment identiques à la courbe de tête. Or, il s'agit de mesurer l'angle formé en chaque point de l'hélice par les surfaces gauches de joints ainsi produites et la surface de douelle.

Si l'on considère un point quelconque M de la courbe de tête (*fig.* 9), et que l'on y construise graphiquement le plan tangent à la douelle en prenant le plan des naissances pour plan horizontal, les traces du plan tangent seront CM tangente à la courbe de tête et CD parallèle aux génératrices.

Le plan tangent en M à la surface de joint aura évidemment pour trace verticale le rayon oM. Quant à la trace horizontale du même plan, elle s'obtient par la condition de le faire passer par la tangente à l'hélice au point M; il faut donc construire cette tangente :

Si l'on rabat le plan tangent à la douelle sur le plan des naissances, autour de sa trace horizontale CD, le point M de sa trace verticale viendra se placer en G, et cette dernière trace elle-même se dirigera suivant CG. En même temps la tangente à l'hélice que l'on suppose fixée au plan tangent viendra prendre la position GD (voir le problème n° 6.)

Le point D où cette ligne vient rencontrer la charnière GD doit demeurer fixe dans les diverses positions du plan tangent à la douelle. De sorte que ce point appartient à la trace horizontale du plan tangent à la surface de joint; cette trace est donc la ligne oD.

Actuellement il ne reste plus qu'à construire par les méthodes ordinaires l'angle des plans tangents MCD, MoD, qui est aussi celui des surfaces de douelle et de joint.

Par un point quelconque H de la projection horizontale FD de l'hélice, qui est aussi l'intersection des plans tangents, on mène JK perpendiculaire à cette ligne, et rencontrant en J et en K les traces horizontales CD et oD de ces plans.

On rabat ensuite autour de DF le plan projetant de l'intersection, qui dans ce mouvement vient se placer en DM'. Du point H on abaisse sur DM' la perpendiculaire HI, et l'on porte HI de H en L sur la droite FD. Enfin on joint le point L avec chacun des points J et K, et le triangle JKL est, comme on peut s'en convaincre avec un peu de réflexion, le rabattement du triangle déterminé par les intersections des deux plans tangents et du plan des naissances, avec un plan normal à l'intersection des premiers plans, et passant par le point de cette intersection rabattu en L; dès lors il est évident que l'angle JLK est égal à l'angle cherché.

La valeur analytique de cet angle ne paraît pas susceptible d'être présentée sous une forme simple, et comme il n'est pas d'une très-grande importance pour la construction, nous nous abstiendrons de toute espèce de recherches à cet égard. Toutefois il est bon de faire observer que la suite des triangles de l'épure (*fig.* 9) permet de calculer rigoureusement cet angle.

8° Déterminer l'angle formé par un joint de tête avec la corde du joint de douelle adjacent.

Cet angle est, comme nous le verrons par la suite, souvent employé dans la pratique pour la détermination approximative et la construction des panneaux de joints.

La projection verticale de l'angle cherché est l'angle ABC (*fig.* 15); AB est dans le plan de tête ; le point C du même plan est la projection verticale d'un point de l'espace (le sommet d'un des angles du panneau de douelle d'un voussoir de tête) que nous appellerons C' et dont la distance au plan de tête est l'épaisseur constante *mn* de la tête. On cherche donc l'angle ABC'.

Si l'on imagine la droite projetante C'C du point C' ; qu'on mène ensuite du point C sur AB la perpendiculaire indéfinie C*k* rencontrant en D la ligne AB, et qu'enfin on joigne par la pensée le point D avec le point C ; la ligne C'D sera la hauteur d'un triangle AC'B qui renferme l'angle cherché ABC'.

Rabattons ce triangle sur le plan de tête autour de la base AB ; dans ce mouvement, la ligne DC' s'appliquera sur DE', et le sommet C' du triangle se confondra avec l'un des points de cette ligne.

Il ne reste plus qu'à trouver en vraie grandeur la hauteur C'D du triangle AC'B.

On observera à cet effet qu'elle est l'hypoténuse d'un triangle rectangle dont les côtés de l'angle droit sont CD et CC' $=$ *mn*.

On portera donc *mn* de D en E et ensuite CE de D en E', et le point E' sera le rabattement du triangle AC'B. Donc, en joignant AE' et BE', le triangle AE'B sera le rabattement du triangle AC'B, et par suite l'angle ABE' sera l'angle cherché, formé par le joint de tête AB avec la corde BC du joint de douelle qui passe par le point B.

Autre solution.

Par le point (C, C') (*fig.* 16), on fait passer un plan horizontal dont la trace sur le plan vertical sera CD.

Par le point (B B') l'un des angles de la face extrême du voussoir, on fait passer un plan vertical perpendiculaire au plan de tête ; la trace horizontale de ce plan sera D'B' et sa trace verticale sur la surface de joint du voussoir sera AB.

Si l'on considère le triangle (ABC,A'B'C'), on voit qu'il contient l'angle cherché ACB; il suffira donc de construire ce triangle afin d'obtenir en vraie grandeur tous les éléments qui le composent.

On remarquera à cet effet :

1° Que le côté (CB,C'B') est l'hypoténuse d'un triangle rectangle dont les deux côtés de l'angle droit se composent de sa projection horizontale C'B' et de la hauteur BD du point B au-dessus du point C. Ainsi, en construisant ce triangle, on obtiendra la ligne B'C'' qui représentera le côté CBC'B' en véritable grandeur;

2° Que le côté (AB,D'B') qui est la trace du plan vertical sur la surface de joint du voussoir, est aussi l'hypoténuse d'un triangle rectangle dont les deux côtés de l'angle droit sont les projections AB et D'B'.

En portant BA de D' en A' et joignant B'A', cette ligne représentera le côté (AB,D'B'), en vraie grandeur.

3° On remarquera enfin que le côté (AC,D'C'), est donné en vraie grandeur sur la projection verticale du voussoir.

La question est ainsi ramenée à construire un triangle dont on connaît les trois côtés. Si du point B' comme centre avec le rayon B'A' égal à (AB,DB'), et du point C' avec un rayon A''C'' = AC, on décrit deux arcs de cercle, qui se coupent en A'', et que l'on joigne B'A'', C''A'', l'angle A''C''B' sera l'angle cherché.

Dans la détermination de cet angle, de même que nous avons pris, au lieu de l'hélice de joint,la corde qui joint ses deux extrémités, nous avons dû également remplacer par sa corde AB la ligne courbe que trace sur la surface de joint le plan vertical mené par le point B.

La question se réduit, en effet, à rechercher la position réelle des trois points C, B et A.

Si l'on voulait obtenir la position d'un des points intermédiaires de l'hélice de joint, il suffirait de faire la même construction en faisant varier le point B.

Cette solution est plus laborieuse que la première, et elle offre aussi moins d'exactitude.

9° Méthode générale pour le calcul des angles principaux dans les voûtes biaises.

Les angles qu'il est bon de connaître dans les voûtes biaises peuvent toujours, quelle que soit la nature de l'appareil, être construits par la méthode des projections; et en appliquant aux constructions les procédés de la trigonométrie rectiligne, on calculera, si l'on veut, les mêmes angles avec toute la rigueur désirable.

Il s'agit de généraliser ces moyens, et de présenter une méthode qui donne directement la valeur numérique de tel angle que l'on voudra

Cette méthode suppose la connaissance des principes de la trigonométrie sphérique.

Les diverses lignes à considérer en chaque point P de la courbe de tête sont les suivantes (*fig.* 17) :

1° PN. La normale à la courbe, ou joint de tête;

2° PC. La tangente à la courbe de tête;

3° PG. La génératrice de la douelle ;

4° PH. La tangente à l'hélice ou joint de douelle ;

5° PE. La tangente à l'ellipse de douelle normale à la courbe de tête;

6° PH_o. L'horizontale dans le plan de tête.

Ces lignes et celles qu'on pourrait encore imaginer donnent naissance à une suite d'angles, plans et dièdres, dont la valeur est déterminée quand on connaît les positions relatives des lignes dont il s'agit.

On observera d'abord que les lignes PC, PG, PH, PE, sont toutes dans le plan tangent à la douelle, et les lignes PC, PH_o, PN, dans le plan de tête.

Si donc on prend le point P pour le centre d'une sphère d'un rayon quelconque $PN = PH_o = PC = PG = PH = PE$, les diverses droites de la question seront rencontrées par la surface sphérique aux points respectifs N, H_o, C, G, H, E, et les différents plans qu'elles forment deux à deux seront également interceptés suivant les arcs CGHE, CH_oN, GN.............

De là résultent divers triangles sphériques CNE, CNH, CNG....... que l'on pourra successivement calculer par les formules connues.

Si l'on considère par exemple le triangle CGH_o, on remarquera que l'angle CH_oG est droit ; d'où il suit que : $cos\ CG = cos\ CH_o . cos\ GH_o$

Or, CH_o mesure l'angle formé par l'horizontale avec la tangente à la courbe en P; et GH_o se rapporte à l'angle de la génératrice avec la même horizontale, c'est-à-dire au biais de la voûte.

Les deux arcs CH_o, GH_o sont donc supposés connus. On en déduira CG qui mesure l'angle formé par la génératrice avec la tangente à la courbe.

En supposant que tous les angles, plans et dièdres du triangle CH_oG aient été calculés, ce qui maintenant peut se faire, on pourra passer au triangle NH_oG dans lequel on connaît le côté NH_o qui mesure l'angle formé par la normale à la tête et l'horizontale H_oG, égal au biais, et l'angle NH_oG par le calcul du triangle CH_oG.

On trouvera ainsi la valeur de l'arc NG qui représente l'angle de la génératrice avec la normale à la courbe de tête. Il en sera de même des autres triangles de la figure.

Voici, au reste, la série des angles que l'on peut déterminer de cette façon :

Angles plans.

1° Arc CG (génératrice et courbe de tête) ;

2° id. GH (génératrice et hélice) ou angle de déviation ;

3° id. HE (hélice et ellipse normale à la courbe de tête) ;

4° id. GH (hélice et courbe de tête) :

5° id. CE (courbe de tête et ellipse normale) ;

6° id. GE (génératrice et ellipse) ;

Les angles 3°, 4°, 6°, se déduisent des angles 1°, 2°, 5°, par voie d'addition ou de soustraction, comme étant avec eux dans le plan tangent à la douelle.

7° Arc CN (normale à la courbe de tête et la tête elle-même).

Cet angle étant droit par sa nature, nous ne l'indiquons que pour mémoire.

8° Arc NG (normale à la courbe de tête et génératrice) ;

9° id. NH (normale à la courbe de tête et hélice) ;

10° id. NE (normale à la courbe de tête dans le plan de tête et normale à la même courbe dans la douelle).

Ce dernier angle mesure évidemment l'angle dièdre du plan de tête et de la douelle.

Angles dièdres.

1° Angle C (plan de tête et douelle) voir le n° 10 des angles plans ;

2° Angle G (douelle et méridien).

Nous désignons par méridien le plan passant par la génératrice et la normale à la courbe de tête.

3° Angle H (douelle et surface de joint) ;

4° Angle E (douelle et plan normal à la courbe de tête) ;

5° Angle CNG (plan de tête et méridien) ;

6° Angle GNH (surface de joint et méridien) ;

7° Angle HNE (surface de joint et plan normal à la courbe de tête) :

8° Angle CNH (surface de joint et plan de tête) ;

9° Angle CNE (plan de tête et plan normal à cette tête).

Cet angle étant droit par sa nature, nous ne l'indiquons que pour mémoire.

10° Angle GNE (plan normal à la courbe de tête et méridien).

Nous omettons dans cette nomenclature la plupart des angles qui dépendent de l'horizontale PH_0, comme ayant peu d'utilité dans la pratique.

10° *Construction par abscisses et ordonnées de la sinusoïde de développement de la courbe de tête.*

Il peut arriver que l'exiguïté de l'emplacement de l'épure, sur le terrain, ne permette pas le tracé de la sinusoïde par les moyens graphiques que nous avons indiqués. On peut alors employer les formules suivantes, qui donnent directement les coordonnées de cette courbe rapportées soit à sa corde, soit à la section droite développée, et par suite en déterminer rigoureusement tous les éléments.

1° Tracé par la section droite.

Le choix de l'axe des abscisses ne saurait être douteux, et l'on devra s'arrêter à la section droite qui passe par le sommet de la tête de la voûte, et dont le développement K'B'' (*fig.* 18) divise la sinusoïde AC'B' en deux parties égales et inversement symétriques, au point C' qui est aussi le milieu de K'B''.

Il est naturel aussi de prendre pour origine des coordonnées le point C', qui est à la fois commun à la sinusoïde, à sa corde, et à la section droite. Alors, les axes étant supposés rectangulaires, celui des ordonnées se dirigera suivant la génératrice supérieure de la voûte, qui se rabat suivant C'Q' dans le développement de la douelle.

La position des axes arrêtée, soit considéré un point quelconque M de la courbe de tête supposée rabattue sur le plan des naissances : la question proposée consiste à déterminer les distances M'p, pC' aux axes C'Q' et K'B'' de la nouvelle position M' de ce point dans le développement de la douelle.

Calcul de l'abcisse C'p.

Cette abscisse est égale à l'arc elliptique Qm' de la section droite qui est représentée rabattue, et compris entre les plans verticaux, menés par les génératrices qui aboutissent aux points C et M de l'arc de tête.

Or la formule (13) concernant la rectification approximative de l'ellipse, donne pour le double de l'arc Qm' :

$$2\,Qm' = a\left\{\alpha - (\alpha + sin\,\alpha)\,\frac{cos^2\theta}{4}\right\} \qquad ;$$

équation dans laquelle on sait que a désigne le rayon de l'arc de tête; θ le biais de la voûte, et α la valeur linéaire de l'arc circulaire double de CM, dans l'hypothèse A = 1.

Si donc on fait dans la formule précédente $Qm' = x$ et qu'on écrive 2α au lieu de α, l'expression de l'abscisse cherchée sera :

$$x = a\left\{\alpha - (2\alpha + sin\,2\alpha)\,\frac{cos^2\theta}{8}\right\} \qquad ; \qquad \alpha\ \text{se rappor-}$$

tant alors à l'arc circulaire CM.

Calcul de l'ordonnée M'p.

Si l'on projette le point M en m sur le plan des naissances, et ce dernier point m en Q'' sur la section droite développée suivant K'B'', il est aisé de voir que le segment de génératrice limité par le plan de cette section et celui de la tête, est égal à l'ordonnée M'p ; car mQ'' est la projection en vraie grandeur du segment considéré, et M'p la position du même segment dans le développement de la voûte. Or, on sait que les génératrices, dans les rabattements successifs des éléments de la douelle, ne subissent aucune altération de forme ni de grandeur.

Actuellement, pour déterminer mQ'', on remarquera que $mH = Md$ est le sinus de l'arc CM ou le produit de $sin\,\alpha$ par le rayon a de la voûte. On a donc :

$$mH = a\,sin\,\alpha;$$

Ensuite dans le triangle rectangle mHQ''

$$mQ'' = mH \times sin\,mHQ'' :$$

Substituant pour mH sa valeur et observant que l'angle mHQ'' est complémentaire du biais θ, on trouvera pour l'expression de l'ordonnée mQ'' ou y :

$$y = a\,cos\,\theta\,\,sin\,\alpha ;$$

En sorte que chaque point M' de la sinusoïde est représenté par le système des équations.

$$\left[\begin{array}{c} x = a \left\{ \alpha - \left(2\,\alpha + sin\,2\,\alpha \right) \dfrac{cos^2\,\theta}{8} \right\} \\ y = a\,cos\,\theta\,.\,sin\,\alpha \end{array} \right] \quad \cdot \ \cdot \ \ldots \quad (1)$$

En faisant varier l'arc α ou CM qui fixe la position du point M sur l'arc de tête, on obtiendra au moyen des équations (1) autant de couples de valeurs (x, y) que l'on voudra, et la sinusoïde sera construite avec toute la rigueur désirable.

2° *Subdivision de la corde sinusoïde à la section droite comme axe des abcisses.*

La corde de la sinusoïde se rapprochant de cette courbe plus que toute autre droite tracée sur le développement de la douelle, il peut paraître plus convenable de la substituer à la section droite comme axe des abcisses.

Ce changement s'opérera par les formules connues pour la transformation des axes rectangulaires qui ont même origine. Il ne sera peutêtre pas sans intérêt, pour les lecteurs peu familiarisés avec ces sortes de calculs, de voir comment se font ces transformations. Nous allons entrer à ce sujet dans quelques détails.

Soit un point M (fig. 19) dont on a les distances ME, MG ou SE à la génératrice SG, l'origine des axes étant au sommet S de la douelle. On propose d'évaluer les distances MC et MH ou CS du même point par rapport à la corde CS de la sinusoïde et à l'hélice passant par le sommet S.

Que par le point E on mène les droites Eq, Er, respectivement parallèles aux axes de coordonnées du deuxième système, lesquelles rencontrent en q et en r la corde CS et la droite MC prolongée. On déduira des triangles rectangles SEq, MEr, les expressions :

$$Mr = ME \times cos\ EMr;$$
$$Eq = SE \times sin\ ESq;$$
$$Sq = SE \times cos\ ESq;$$
$$Er = ME \times sin\ EMr;$$

et en observant qu'on a :

Angle EMr = angle ESq = angle de déviation φ ;

$qC = Er$; $Eq = Cr$; $MC = Mr - Cr$;

$SC = Sq + Cq$; on trouve par des substitutions successives, les nouvelles coordonnées x_1, y_1 :

$$\left\{ \begin{array}{l} x_1 = y\ sin\ \varphi - x\ cos\ \varphi \\ y_1 = y\ cos\ \varphi + x\ sin\ \varphi \end{array} \right\} \quad \cdots \cdots \quad (2)$$

Telles sont les formules de transformation par lesquelles on passera de la section droite à la corde de la sinusoïde.

Si l'on tenait à avoir directement les coordonnées (x_1, y_1) en fonction de l'arc circulaire α, il faudrait mettre dans les équations (2) les valeurs de (x, y) déduites des équations (1).

De cette manière on aurait :

$$\left[\begin{array}{l} x_1 = a\ cos\ \varphi \left\{ \alpha - \left(2\,\alpha + sin\ 2\,\alpha \right) \dfrac{cos^2\ \theta}{8} + cos\ \theta\ tang\ \varphi\ sin\ \alpha \right\} \\[2em] y_1 = a\ sin\ \varphi \left\{ cos\ \theta . sin\ \alpha\ .\ cotg\ \varphi - \alpha + \left(2\,\alpha + sin\ 2\,\alpha \right) \dfrac{cos_2\ \theta}{8} \right\} \end{array} \right] \quad (3)$$

Quel que soit le système de coordonnées qu'on adopte dans la pratique, deux remarques sont nécessaires :

1° La symétrie de la sinusoïde par rapport aux axes des abscisses permet de ne calculer les coordonnés que pour une moitié de la courbe ; l'autre moitié étant identique à la première.

2° Il convient de faire correspondre les valeurs successives de l'arc CM ou α aux différents points de division des voussoirs. De cette façon, les rabattements de ces points sont donnés immédiatement par les systèmes d'équations (1), (2), (3), et l'on obtient ainsi, avec toute la précision désirable, la position des joints longitudinaux de la douelle.

11° *Détermination de l'arc intercepté sur la sinusoïde de l'une des têtes par la normale à la corde de cette courbe, abaissée de l'une des extrémités de la sinusoïde de la tête opposée.*

Soit Cs (*fig.* 20) la normale proposée ; s, s', t les intersections de cette droite avec la sinusoïde, sa corde, et la transformée At de la section droite, qui est en même temps tangente au sinusoïde dans le cas d'un plein cintre.

Supposons que l'on ait fixé la position du point m où l'élément de la sinusoïde est normal à l'hélice mh (*voir plus loin*). Nous considérerons deux cas suivant que l'intersection s de la normale et de la sinusoïde est sur l'un ou l'autre des segments Am ou $H'm$ de l'arc AH'. Or, la position du point s par rapport au point m sera déterminée par les situations relatives de leurs projections p et s' sur la corde AH' de la sinusoïde.

On a vu comment s'obtient le pied s' de l'hélice; à l'égard du point p, nous indiquerons aussi le moyen de le trouver.

Exam'nons maintenant les deux cas signalés ci-dessus.

1ᵉʳ cas. Le point s est entre les points A et m. Alors, on peut voir que le développement de l'arc As est compris entre les segments As' et At, interceptés par la normale sur la corde et la section droite.

Pour s'en convaincre, il suffit d'observer qu'entre deux hélices très-voisines nn, $n'n'$, l'élément $n_1 n'_1$ de la corde est le plus petit comme étant normal aux hélices, et l'élément nn' de la section droite le plus grand comme le plus incliné sur les mêmes hélices. L'élément de la sinusoïde est donc compris entre les longueurs des deux premiers.

Ainsi, on calculera les distances As' et At par la considération des triangles $C\,As'$, $ABB'\,As't$, et la moyenne arithmétique de ces distances exprimera une valeur approchée de l'arc As qui suffit, en général, dans la pratique.

2ᵉ cas. Le point S_1 est sur l'arc $H'm$. Alors on devra substituer dans les calculs, à la section droite AB', la tangente $H't$ à la sinusoïde, qui fait, comme on sait, avec la génératrice, un angle égal à l'obliquité de la voûte. La moyenne entre les lignes $H't$ et $H's'_1$ sera la valeur approchée de l'arc $H's_1$; d'où l'on conclura :

$$As_1 = As_1 H' - H's_1 = \tfrac{1}{2}\text{arc de tête} - H's_1.$$

Méthode plus rigoureuse.

Si l'on désire avoir une approximation plus grande, on peut employer avec fruit le procédé suivant (*fig.* 20) :

On commencera par mettre au lieu de α [formule (13) relative à la rectification de l'ellipse], la valeur obtenue ci-dessus pour les segments de la sinusoïde (*). On déduira de cette formule la valeur de l'arc elliptique correspondant, et ensuite celle de la ligne As' par la méthode des transformations exposée précédemment. Si cette dernière quantité est la même que celle qui se tire des triangles ACs', $As't$, l'expression de l'arc AS sera rigoureuse, et l'on s'en tiendra là.

Dans le cas contraire, qui est le plus fréquent, on corrige l'erreur par l'interpolation suivante : soit c, c', les deux valeurs obtenues pour les projections de l'arc As sur la corde AB; α la première approximation du

---

(*) Lorsqu'on fait usage des formules de rectification, on peut se contenter de prendre pour première approximation de l'arc, sa projection sur la corde. On s'épargne ainsi le calcul de la position de l'élément m normal à l'hélice.

même arc, et x sa valeur exacte. On aura, à très-peu près, la relation :

$$\frac{c}{c'} = \frac{a}{x} \quad \text{d'où} \quad x = \frac{ac'}{c}.$$

Cette dernière valeur sera plus que suffisante dans la plupart des cas que présentent les voûtes biaises ; mais il n'est pas sans intérêt de remarquer que la limite de l'erreur peut être resserrée de plus en plus en corrigeant les approximations successives comme on l'a fait pour la première valeur a.

12° *Considérations générales sur la valeur de l'angle formé en chaque point de la sinusoïde par l'hélice de joint longitudinal.*

La sinusoïde, comme toutes les courbes, est telle que ses différents éléments ont des directions sans cesse variables. En d'autres termes, l'obliquité de ces éléments, par rapport à une droite fixe quelconque, passe par tous les états de grandeur entre certaines limites.

D'un autre côté, on sait que les joints longitudinaux de la douelle conservent des directions sensiblement parallèles entre elles. Il suit de là que l'angle des joints et de la sinusoïde change de valeur à chaque point de cette courbe. Cette conséquence se déduit immédiatement de la formule connue :

$$\cos x = \cos \theta \cos \alpha. \ \dots (1)$$

Dans laquelle θ est le biais de la voûte, α la valeur angulaire de l'arc compris entre le milieu de la clef et le point considéré, et x l'angle formé par la génératrice et la sinusoïde.

On reconnaît, en effet, qu'en vertu de la relation ci-dessus, les angles x et α croissent et décroissent en même temps. Or, l'angle de la courbe et du joint ne diffère de x que d'une quantité à peu près constante $qmh = \varphi$ qui mesure la déviation de l'hélice par rapport à la génératrice (*fig.* 20).

Soit fait $x + \varphi = \omega$; ω sera l'angle de l'hélice et de la sinusoïde, et sa valeur se déduira très-simplement de celles de x et de φ. On peut aussi l'obtenir directement à l'aide de la formule :

$$\cos \omega = \cos (x + \varphi) = \cos x \cos \varphi - \sin x \sin \varphi ;$$

et en mettant dans cette expression, pour $\cos x$, $\sin x$, leurs valeurs tirées de l'équation (1) ci-dessus et de la relation constante $\sin^2 x + \cos^2 x = 1$, on obtient :

$$\cos \omega = \sin \varphi \left\{ \cos \theta . \cot g \, \varphi . \cos \alpha - \sqrt{1 - \cos^2 \theta . \cos^2 \alpha} \right\} \ . . (2)$$

Lorsque l'hélice de joint est normale à la corde de la sinusoïde, l'angle ω est complémentaire de l'angle de la même corde avec l'élément de la courbe déterminé par l'hélice. Soit désigné ce dernier angle par δ; l'équation (2) pourra s'écrire ainsi :

$$sin\ \delta = sin\ \varphi\ \Big\{ cos\ \theta.\ colg\ \varphi.\ cos\ \alpha - \sqrt{1 - cos^2\ \theta.\ cos^2\ \alpha} \Big\}..(3)$$

En donnant à α diverses valeurs, les expressions correspondantes de δ feront juger du degré d'obliquité de la corde par rapport à la sinusoïde.

Au reste, les équations (1), (2), (3), établissent entre les quantités variables x, α et δ, des relations qui permettent de déterminer l'un de ces angles au moyen des autres. On tire, par exemple, de l'équation (1) l'expression :

$$cos.\ \alpha = \frac{cos.\ x.}{cos.\ \theta.} \dots \dots (4)$$

Et en attribuant des valeurs particulières à l'angle x, on trouve α ; c'est-à-dire la position du point qui, sur la sinusoïde ou l'arc de tête, répond aux différentes inclinaisons supposées.

Toutefois, il faut remarquer que ces inclinaisons ne doivent pas sortir de certaines limites, et que le problème n'est possible qu'autant que l'équation (4) donne pour $cos.\ \alpha$, une valeur moindre que l'unité ; ce qui exige que l'on ait $cos.\ x < cos.\ \theta$, ou bien $x > \theta$: condition qui n'exclut pas l'égalité.

En d'autres termes, la question suppose toujours que l'angle formé par la génératrice et la tangente à la sinusoïde est au moins égal au biais de la voûte. L'égalité $x = \theta$ ne se présente qu'au milieu de la clef. Dans tous les autres points on a $x > \theta$.

Pour particulariser la question, soit proposé de fixer le point m (fig. 20) par la condition que la sinusoïde et sa corde aient des directions parallèles aux points de leurs intersections avec la même hélice de joint.

Si l'angle x était connu, on déduirait immédiatement de l'équation (1), la valeur de α qui fixerait la position du point m sur l'arc de tête. Or, par la nature de la question, l'angle x est complémentaire de l'angle de déviation, lequel dépend de l'appareil de la douelle. Ces deux angles sont donc connus ; dès lors il est facile d'avoir l'angle x et la position du point correspondant m sur la sinusoïde.

Ce dernier point est remarquable comme étant le seul, sur chaque moitié de la sinusoïde, où le joint de douelle soit rigoureusement normal à cette courbe. Nous disons sur chaque moitié ; car il est évident qu'à raison de la symétrie inverse de la sinusoïde par rapport à sa corde, les points de la courbe équidistants de son point milieu H' forment des angles égaux avec la corde, et dirigés en sens contraire.

De part et d'autre du point m, les inclinaisons de la sinusoïde et de sa corde sont aussi égales deux à deux. Mais les points qui répondent aux mêmes angles ne sont point symétriquement placés autour du point m, comme cela a lieu pour le point H'.

La détermination des couples d'éléments également inclinés sur la corde, est une conséquence des équations (1), (2), (3) et (4) ; mais cette recherche serait plus curieuse qu'utile , et nous ne nous y arrêterons pas.

Souvent dans le cours de ce travail, nous avons eu occasion de faire observer que le parallélisme des joints longitudinaux de la douelle n'était pas absolu. Nous ne terminerons pas cette description théorique de l'appareil hélicoïdal sans essayer de jeter quelque lumière sur ce fait.

Soit considéré le développement de douelle ABDC (*fig*. 20.) Les hélices CS et BE des naissances C et B partagent le développement total en trois parties ou zones. Les deux zones extrêmes CAS,BDE, sont identiques ; et il est possible en général de garder le parallélisme des hélices qu'elles comprennent et qui vont aboutir sur les lignes des naissances. Toutefois, il faut s'attacher à ce que les divisions marquées sur ces lignes par les hélices soient sensiblement égales, et pour satisfaire à cette condition d'élégance et de solidité on peut être obligé de faire varier légèrement la direction des joints.

A l'égard de la zone intermédiaire CSBE, dont les hélices aboutissent le plus souvent aux deux plans de tête, les directions de ces lignes sont commandées par les points de division des voussoirs sur les arcs BS et CE.

Soit considéré sur cette zone, deux hélices voisines telles que aa',bb'. Les éléments $ab,a'b'$, seront sensiblement égaux entre eux, et plus ou moins inclinés dans leurs directions respectives ; ainsi les côtés aa',bb', du quadrilatère $abb'a'$ ne peuvent être rigoureusement parallèles, et leur obliquité mutuelle variera inversement à la longueur des côtés aa', bb', ou des hélices. Lors donc que l'amplitude des joints sera suffisante entre les plans de tête, la variation de l'angle hélicoïdal pourra être négligée dans la pratique.

On peut d'ailleurs tenir compte si l'on veut de cette variation, qui n'est jamais considérable. On se rappelle, en effet, que les points extrêmes des hélices ont été fixés dans la construction de la sinusoïde ; la direction de chaque hélice peut donc être regardée comme parfaitement déterminée ; et l'on jugera aisément du défaut de parallélisme que nous venons de signaler.

Il n'arrive pas toujours comme nous l'avons supposé que la zone intermédiaire de la douelle soit limitée par les plans de têtes. Lorsque la longueur et le biais de la voûte sont très-grands par rapport à l'ouverture, les hélices de la zone intermédiaire reposent à la fois sur les deux piédroits. Alors on est à peu près le maître de la direction à donner aux joints des trois zones, pourvu que les dimensions des crossettes n'offrent pas de trop grandes différences.

CHAPITRE III.

De l'Appareil hélicoïdal appliqué aux voûtes elliptiques. — Moyens pratiques d'exécution.

Dans ce qui précède nous avons fait connaître les moyens de déterminer tout ce qui constitue la partie théorique de l'appareil; mais cela ne suffit pas pour pouvoir passer immédiatement à l'exécution proprement dite des ouvrages. Il nous reste encore à faire le tracé de l'épure en grand, et à opérer les coupes et la taille des pierres qui composent l'appareil.

L'épure en grand doit être faite sur une aire en plâtre, à proximité du chantier de construction; elle doit contenir principalement le tracé de l'appareil des voussoirs de tête, ainsi que le développement de la douelle de ces mêmes voussoirs.

Ces tracés ne présentent aucune difficulté, puisqu'il ne s'agit plus que de faire l'application en grandeur naturelle des détails que fournit le dessin déjà préparé; mais il importe beaucoup que le conducteur des travaux dirige lui-même avec soin le tracé de cette épure, et qu'il en fasse ensuite la vérification à l'aide des éléments qu'il aura préalablement calculés.

L'appareil de la tête doit être tracé par rabattement sur l'épure en grand, exactement comme le montre le dessin du projet.

Le développement de la douelle pourra être opéré comme nous l'avons indiqué, soit au moyen des coordonnées calculées de la transformée de la courbe de tête, soit à l'aide des génératrices du cylindre de douelle. Dans ce dernier cas, l'emplacement de l'épure doit occuper une superficie un tiers plus grande environ que celle que présentent le plan horizontal de la voûte et le développement de la surface cylindrique réunis; or, il peut arriver, dans certaines circonstances, qu'on ne puisse pas disposer d'un semblable emplacement, et si l'on considère d'ailleurs que les opérations graphiques sur le terrain exigent beaucoup de soin et manquent souvent de précision, l'on trouvera qu'il y a tout avantage à employer le premier procédé.

Nous allons maintenant décrire les divers procédés à employer pour la taille dé la pierre.

Les voussoirs de tête, dont nous nous occuperons d'abord, présentent sur le plan vertical de tête un parement plan qui sert généralement de base à l'opération du tracé des autres faces.

Ce parement étant convenablement dressé, on y dessine le contour de la tête du voussoir, en y appliquant le panneau que donne l'épure en grand de l'appareil de tête.

Pour déterminer la surface de douelle et les lits du voussoir, plusieurs systèmes se présentent; nous allons les exposer sommairement, en laissant à la sagacité du constructeur le choix du procédé qui lui paraîtra le plus convenable, suivant la nature et les dimensions de la pierre, et en raison de l'intelligence des ouvriers qu'il emploiera.

Le système le plus simple, et qui semble être préféré par les appareil-leurs, est celui qui consiste à tailler la face de derrière du voussoir suivant un plan parallèle à la surface de tête et à déterminer ensuite, sur chacune de ces faces, la position du panneau qui lui appartient.

Si nous désignons par A et A' le parement de tête et la face de der-rière du voussoir; par D la douelle et par L,L' les lits ou surfaces de joints, on obtiendra les diverses arêtes du voussoir, en dressant la sur-face de douelle, suivant un plan d'équerre aux deux faces A,A', et en re-tournant d'équerre, par des lignes tracées sur ces trois faces, le sommet d'angle inférieur de l'un des panneaux A et A'.

Cette ligne d'équerre sert ensuite de base ou de ligne d'opération sur la pierre, pour repérer à l'aide des données de l'épure, les deux points d'angles inférieurs du second panneau, qui déterminent la posi-ion de ce panneau.

A cet effet, il suffit de remarquer qu'en menant de l'un des angles in-érieurs du panneau de derrière, par exemple, une perpendiculaire sur le panneau de tête A, situé sur le plan vertical de projection, et en abais-sant du point où cette ligne rencontre le plan de tête, une perpendicu-laire sur l'arête commune aux plans de tête et de douelle, ces deux per-pendiculaires appartiennent à un triangle rectangle contenant l'angle rectiligne qui mesure l'angle dièdre des deux plans de tête et de douelle.

La construction de ce triangle pouvant facilement s'opérer sur l'épure, il n'existe aucune difficulté pour déterminer les points d'angles inférieurs et par suite la position exacte de l'un des panneaux A, quand on connaît celle du panneau correspondant A'.

Le périmètre de chacun des deux panneaux correspondants étant tracé sur la pierre, il ne reste plus qu'à délarder la pierre en excès entre les arêtes de ces panneaux, en commençant par la douelle.

La surface de douelle doit être taillée à l'aide d'une règle droite que l'on fait mouvoir le long des courbes ou arêtes déterminées sur la douelle par les faces A,A', et que l'on maintient dans un parallélisme constant avec les génératrices de cette surface.

On applique ensuite sur l'épure du développement de la douelle une plaque flexible en tôle ou en zinc, que l'on découpe exactement suivant le périmètre de ce développement, et que l'on adapte sur la surface cylin-drique de la pierre.

Cette plaque métallique doit coïncider par tous ses points avec la sur-face de douelle de la pierre, et les deux arêtes qui sont découpées suivant les transformées de l'arc de tête et de son correspondant sur la section A', doivent également coïncider avec ces derniers.

On détermine ainsi sur la pierre le périmètre de la douelle et par suite les hélices de joints suivant lesquelles les normales parallèles au plan de tête doivent se mouvoir pour engendrer les surfaces de joints L,L'.

Il se présente un moyen facile de vérifier la surface de douelle en tra-çant sur l'épure et en rapportant ensuite sur la tête et sur la douelle du voussoir deux lignes droites ayant l'une une direction verticale et l'autre une direction horizontale ; ces deux lignes devront évidemment former un angle droit.

Aux surfaces théoriques de joints, on substitue d'autres surfaces qui sont taillées à l'aide d'une règle que l'on fait mouvoir parallèlement au plan de tête, et s'appuyant constamment sur l'hélice de douelle et sur la corde du joint de l'extrados.

Les surfaces ainsi obtenues diffèrent généralement peu des surfaces hélicoïdales qu'on pourrait déterminer en pratique.

Ce procédé de taillage ne consiste, comme on le voit, qu'à fixer sur la pierre la position et le tracé du panneau de tête sur chacune des faces parallèles A et A', et à faire ensuite l'abattage de la pierre en excès, suivant les arêtes déterminées par le tracé de ces panneaux ; or, il existe plusieurs moyens d'appliquer le trait sur la pierre, pour obtenir la position de ces panneaux.

On peut, par exemple, se contenter de tracer sur l'épure de tête une seule ligne, une horizontale si l'on veut, qui, rapportée sur les faces A, A' du voussoir à tailler, pourra servir à déterminer la position des points d'angles sur lesquels devront s'appliquer les deux panneaux.

Ainsi l'horizontale cb (*fig.* 16) étant tracé sur l'épure de tête à l'angle c du parement vertical du voussoir, et rapportée ensuite sur les faces du bloc de pierre à tailler, donnera, à l'aide des longueurs cD, Dh et des hauteurs verticales BD $b'h$, la position des points B et b' sur lesquels on devra appliquer le panneau du joint extrême A'.

Le procédé de taillage que nous venons de décrire est assez généralement employé, bien qu'il ait l'inconvénient de nécessiter trop souvent de la part de l'ouvrier le déplacement et la transposition du bloc de pierre à tailler.

Nous verrons plus loin que la forme que nous proposons de donner en pratique aux voussoirs de tête, ne permet pas l'emploi de ce procédé sans augmenter assez considérablement le travail de la taille et la quantité de déchet de la pierre.

On peut éviter de tailler la face extrême A' en employant un moyen très-simple dans son application, mais qui exige, de la part de l'appareilleur, le tracé de l'épure de chaque panneau de joint considéré comme surface plane.

Cette opération consiste à déterminer, par l'un des procédés que nous avons indiqués, l'angle que fait la normale de joint sur la tête avec la corde de l'hélice de douelle qui aboutit au même point de la courbe de tête.

Les panneaux de tête, de douelle et de joints étant déterminés, et le panneau de tête étant tracé sur la surface dressée de la pierre, on applique en même temps les trois panneaux des faces L, L' et D.

On démaigrit ensuite la pierre jusqu'à ce que les arêtes de tous ces panneaux coïncident suffisamment.

Il ne reste plus qu'à tailler plus exactement les surfaces de douelle et de joints par les moyens indiqués dans le système précédent.

Ce procédé permet de disposer convenablement la pierre, et offre évidemment l'avantage de diminuer la taille et le déchet ; mais il ne présente pas pour la taille des lits une exactitude bien rigoureuse.

Néanmoins, il a été employé avec succès par l'un de nos collègues, M. Carre, chargé de diriger la construction de plusieurs voûtes biaises sur le chemin de fer de Strasbourg : mission dont il s'est très-heureusement acquitté.

Sur un autre point de la même ligne de chemin de fer, on a employé un moyen que nous allons décrire succinctement, et qui présente beaucoup d'analogie avec les systèmes qui précèdent.

En supposant que par les procédés connus l'on ait tracé le développement et l'élévation de la douelle d'un claveau, et que l'on ait mené les normales à ses quatre angles, la première opération à faire consiste à envelopper la pierre par des plans aussi appareillés que possible.

Le plan de tête et le plan de joint qui lui est opposé et parallèle, forment deux faces du claveau qui se trouve limité du côté de la douelle par un plan mené par les cordes de l'arc de tête et des hélices qui correspondent et servent de base aux surfaces de joints.

Les plans qui passent par les normales aux angles de la tête et par les cordes des hélices correspondantes, sont substitués aux surfaces hélicoïdales de joints.

Dans ce système de surfaces planes enveloppantes, l'intersection de la face A', opposée à la tête, et du plan de douelle, sera une droite parallèle à la corde de l'arc de tête et passera par le point le plus bas de la douelle de ce joint.

Les intersections de cette même face A' et des plans de joints L, L', seront des parallèles aux normales à la courbe de tête, aux points correspondants.

Ces intersections peuvent être prises immédiatement sur l'épure, puisque le tout existe sur un plan parallèle au plan de projection.

Après avoir ainsi déterminé la surface enveloppe d'un claveau, il s'agit d'obtenir la forme de ce claveau.

La première face A ayant été suffisamment dressée, sera facilement limitée par l'application du panneau de tête, et par le tracé du périmètre de ce panneau.

Pour tracer le plan de douelle, il est nécessaire de déterminer sur l'épure comme nous l'avons déjà fait voir précédemment, l'angle qu'il fait avec le plan de tête, ou en d'autres termes l'angle rectiligne qui mesure l'angle dièdre compris entre ces deux plans.

La construction du triangle qui comprend cet angle permet d'obtenir par rabattement les quatre angles du quadrilatère de douelle, et par suite le panneau plan de cette douelle.

On peut dès lors faire l'application de ce panneau sur la pierre, suivant l'arête commune aux surfaces de tête et de douelle, et tailler cette dernière.

Nous avons supposé la face A' parallèle au plan de tête ; l'angle dièdre compris entre cette face et le plan de douelle sera donc le supplément de l'angle que fait ce dernier plan avec celui de tête, et par suite il deviendra facile de tailler la face A' en y appliquant le panneau qui détermine son périmètre.

Les droites joignant les points d'angles inférieurs de la tête et de la face A' seront les cordes des hélices qui doivent limiter sur la douelle les surfaces de joints.

Les surfaces des deux lits L, L', au lieu d'être déterminées par des normales aux intersections de la surface cylindrique de douelle par des plans parallèles aux têtes, sont engendrées par une droite qui se meut parallèlement au plan de tête le long des cordes des courbes de joints supérieures et inférieures de ces lits.

Cette substitution des cordes aux courbes de joints, prises comme directrices des surfaces de joints, peut n'avoir pas d'inconvénients dans la pratique, surtout lorsque la pierre à tailler a peu de longueur et qu'elle présente une épaisseur faible par rapport au rayon de la courbe de tête ; mais, dans certains cas, on s'éloignerait trop de la surface théorique des lits.

Il faut alors, quand cela devient nécessaire, déterminer plusieurs sections entre les faces A et A', de manière à avoir plusieurs points de chaque hélice directrice, ou tout au moins le point de chaque hélice qui appartient à la section située à égale distance des faces A et A'.

Ces sections, étant parallèles au plan de tête, qui est aussi le plan de projection, pourront être déterminées sur l'épure de tête et rapportées sur la pierre.

On peut remarquer qu'il n'aura pas été nécessaire de terminer la surface réglée, d'abord substituée à la surface théorique pour tailler définitivement les lits suivant cette dernière.

Ce système de taillage nécessite, comme les précédents, plusieurs opérations successives et minutieuses pour l'application du trait sur la pierre ; il exige, en outre, la présence continuelle de l'appareilleur et une attention soutenue de la part de l'ouvrier chargé de la taille.

On peut encore concevoir un autre système de génération des surfaces de joints et employer le procédé suivant qui est très-usité :

Les lignes directrices d'une surface de joint étant déterminées sur la surface de douelle et sur l'extrados du voussoir, on les divise en un même nombre de parties égales et l'on joint les points de division correspondants par des lignes droites suivant lesquelles on pratique des *plumées*, en les considérant comme autant de génératrices de la surface gauche du joint.

A ces divers procédés on peut substituer avantageusement des moyens mécaniques qui, étant plus en rapport avec ceux que les ouvriers emploient ordinairement sur les chantiers et n'exigeant de leur part qu'un peu d'habileté dans le maniement d'un ou de plusieurs instruments, éviteront certainement des erreurs, des fausses manœuvres et surtout des pertes de temps.

Nous allons décrire un système de taillage qui, en atteignant ce but fixé, permet à l'ouvrier de tailler les faces d'un claveau biais, absolument comme celle d'un claveau droit, c'est-à-dire, par l'emploi de panneaux, de règles et de beuveaux.

Le panneau de tête étant tracé sur le parement de la pierre préalablement dressé, il s'agit de tailler directement la douelle à l'aide du panneau de développement de cette douelle et d'un beuveau ou fausse équerre.

Nous savons comment on détermine le panneau de douelle sur l'épure du développement de la voûte ; voyons comment on peut concevoir et construire la fausse équerre qui doit seule suffire à l'ouvrier pour tailler la surface cylindrique de cette douelle.

Remarquons que la surface cylindrique étant engendrée par une ligne droite qui se meut parallèlement à l'axe du cylindre le long de la courbe de tête, cette surface pourra toujours être déterminée par une règle qui, dans son parcours sur l'arc de tête, prendra constamment la position d'une génératrice du cylindre.

Il ne reste donc qu'à construire une fausse équerre qui soit d'un maniement facile entre les mains de l'ouvrier, et dont la branche principale, en remplissant les conditions que nous venons de poser, détermine directement en chaque point de l'arc de tête, la génératrice de la surface de douelle.

A cet effet, considérons un angle droit BCE (*fig.* 21), et, par le sommet C de cet angle, menons une droite AD perpendiculaire à l'un des côtés BC, et formant avec le côté CE un angle DCE égal à l'angle d'obliquité de la voûte.

Si par les droites AD, CB, nous imaginons un plan, il est évident, d'après ce que nous avons vu dans la description théorique de l'appareil, qu'en appliquant ce système sur un point quelconque de la courbe de tête, de manière que, le plan ABD s'appuyant sur la surface de tête, la ligne BC coïncide avec la verticale menée par le point considéré, la ligne CE occupera sur la douelle la position de la génératrice qui passe par ce même point.

Une ligne oblique quelconque, tracée sur la surface de tête, servira également de directrice au système, à l'effet de fixer la ligne CE suivant une génératrice du cylindre, pourvu que, une ligne de même inclinaison que la première étant tracée sur le plan ABD, ces deux lignes coïncident ou soient placées dans une direction parallèle lorsque le plan ABD sera appliqué sur le plan de tête.

Notre *fig.* 21 représente un instrument que nous avons fait construire conformément à ces principes.

Il se compose d'une équerre à trois branches en fer CD, AC et CB.

La règle génératrice est une tige en fer CE en forme de tiers-point. Le plan qui renferme les lignes correspondantes des directrices de l'instrument sur le plan de tête, est limité horizontalement par une traverse en fer AD, et verticalement par un disque en forte tôle évidé.

Les lignes correspondantes des directrices sont représentées par des fils de fer ou de laiton fixés sur le bord inférieur du disque et sur la base AD.

Quelques-uns de ces fils sont parallèles à la ligne AD, d'autres font avec cette ligne des angles de 45 et de 90°.

Pour se servir de cette fausse équerre, il suffit de tracer sur l'épure de tête de chaque claveau, une ligne parallèle à l'horizon, ou faisant avec l'horizon un angle de 45° ou de 90°. Ces lignes étant rapportées et tracées sur la pierre, il ne s'agit plus que d'appliquer bien exactement le plan ABD sur le parement de tête, et de faire mouvoir l'instrument, de manière à maintenir dans le parallélisme la droite tracée sur le parement du claveau et ses correspondantes sur le disque de la fausse équerre.

De sorte que la ligne directrice du parement de tête de chaque pierre étant déterminée avec soin et tracée par l'appareilleur, l'ouvrier n'aura plus qu'à promener l'instrument sur la courbe de tête et à tailler la surface cylindrique de douelle, suivant la tige CE, comme il taillerait à la règle et à l'équerre la surface cylindrique d'une voûte droite.

Il importe que la ligne directrice tracée sur chaque pierre occupe la plus grande longueur possible sur le parement ; conséquemment, la direction de cette ligne doit être subordonnée à la hauteur angulaire du claveau que l'on considère.

Ainsi, on peut prendre pour directrice l'horizontale sur les voussoirs les plus rapprochés des naissances ; des lignes à 45° sur ceux qui sont situés sur les reins, et enfin la verticale sur les voussoirs qui occupent la partie supérieure de la voûte.

L'objet de cette fausse équerre et les résultats qu'on doit en obtenir étant bien définis, on remarquera que les dispositions que nous avons adoptées pour sa construction ne sont pas invariables, et que l'instrument peut affecter une forme quelconque.

On peut, par exemple, restreindre l'instrument au trois tiges CE, BC et AD, auxquelles on ajustera dans le plan ABD deux autres tiges divisant chacun des angles ACB et BCD en deux parties égales, et réunies à une certaine hauteur par une traverse horizontale.

Le bandeau en tôle ABD pourrait encore être remplacé par une plaque de tôle demi-circulaire, évidée suivant les normales qui, partant du centre C, aboutissent aux milieux des voussoirs de tête.

Cette disposition aurait l'avantage de présenter, pour chaque voussoir, une ligne directrice normale à la courbe de tête, et dont l'inclinaison serait conséquemment suivant la grande étendue du voussoir ; mais elle augmenterait la pesanteur de l'instrument et le rendrait d'un maniement difficile.

La forme à laquelle nous avons cru devoir nous arrêter et qui est représentée par la *fig.* 21, offre sur toute autre disposition le double avantage de la légèreté et de la solidité.

Après avoir taillé la surface cylindrique de la douelle sur toute l'étendue de la pierre, l'on obtiendra facilement les arêtes latérales de cette douelle en appliquant sur la surface taillée le panneau flexible découpé sur l'épure du développement de la douelle.

Le tracé du contour de ce panneau déterminera les deux hélices de joints qui seront les intersections des surfaces de douelle et de joints.

Nous avons montré comment on pouvait tailler la surface de joint en faisant mouvoir parallèlement au plan de tête une règle qui, en s'appuyant sur les deux courbes de joints qui limitent cette surface sur les cylindres de douelle et d'extrados, ou sur les cordes de ces courbes, détermine en chaque point une génératrice de la surface réglée; mais, dans le premier cas, la détermination des courbes de joints extradossale et intradossale étant indispensable, l'on est amené à faire certaines constructions souvent laborieuses; dans le second cas, l'on obtient, comme nous l'avons déjà fait remarquer, des surfaces réglées qui, par leur génération, peuvent, dans certains cas, différer beaucoup des surfaces hélicoïdales théoriques, et par suite apporter dans les conditions théoriques de l'appareil une perturbation fâcheuse.

Ajoutons à cela que dans le maniement de la règle génératrice, l'ouvrier même le plus habile peut difficilement la maintenir dans la position normale qu'elle doit constamment occuper sur les arcs circulaires déterminés sur la douelle par les diverses sections parallèles au plan de tête.

On peut obvier à ces inconvénients en employant, au lieu d'une simple règle, un instrument composé d'une cerce d'une courbure égale à celle de l'arc de tête, et d'une règle normale à la courbe de la cerce. (Voir *fig.* 22.)

L'instrument étant appliqué sur la pierre, l'ouvrier le fera mouvoir de telle sorte que le point A occupant successivement diverses positions le long de l'hélice intradossale de joint, la règle AB et la cerce AD conservent un parallélisme constant; la première, avec le plan de tête, et la seconde avec l'arc de tête.

L'on voit que dans ce mouvement, la règle AB occupe successivement toutes les positions génératrices de la surface hélicoïdale de joint, et que par suite cette surface peut être taillée avec autant de facilité qu'une surface plane.

Dans son mémoire sur les voûtes biaises, M. Lefort propose de compléter cette fausse équerre en y ajoutant une troisième branche qui, étant fixée sur la cerce suivant un angle égal à celui que font les génératrices du cylindre avec la courbe de tête, servirait de directrice à l'instrument pour le maintien du parallélisme de la normale **AB** avec le plan de tête.

L'application de ce procédé ne pourrait avoir lieu qu'autant que l'angle de chaque génératrice avec l'arc de tête serait constant, ce qui évidemment n'existe pas. D'ailleurs, cette addition eût été au moins superflue; car il arrive assez généralement que l'habileté de l'ouvrier et surtout la grande habitude qu'il a de cette sorte d'instruments rendent la fausse équerre que nous venons de décrire, d'un emploi très-facile.

Il existe d'autres méthodes de taillage qui diffèrent plus ou moins de celles que nous venons de décrire.

Le procédé le plus pratiqué par les constructeurs anglais pour la taille des voussoirs de tête consiste à tailler d'abord la surface des joints, à déterminer ensuite la surface de douelle, et à dresser enfin, en dernier lieu, le parement de tête.

La surface des joints est taillée à l'aide de deux règles appelées règles divergentes ou gauches, placées à une distance déterminée, et reliées entre elles par une traverse, de manière à conserver une position invariable que l'on détermine d'après l'épure ou par le calcul.

La première règle a une épaisseur uniforme sur toute sa longueur; la seconde a la même épaisseur que la première à l'une de ses extrémités, et se termine en forme de coin à l'autre extrémité, de telle sorte que les arêtes supérieures de ces deux règles se trouvant dans un même plan, leurs arêtes inférieures occupent la position de deux génératrices de la surface hélicoïdale de joint.

Ce système étant appliqué sur le lit de la pierre, on y trace la position des deux règles; l'ouvrier pratique ensuite, suivant les deux lignes ainsi déterminées, deux plumées d'une profondeur telle que les règles gauches y étant introduites, ces dernières reposent complétement par leurs arêtes inférieures, sur la pierre, avec la condition toutefois que leurs arêtes supérieures se trouvent dans un même plan.

Après avoir obtenu ainsi, suivant les cisclures, la position exacte de deux génératrices de la surface hélicoïdale, l'ouvrier n'a plus qu'à délarder la pierre en excès et à tailler le lit à l'aide d'une règle ordinaire qu'il fait glisser le long de ces deux génératrices en la maintenant constamment dans une position parallèle à l'hélice de douelle.

Pour tailler la surface cylindrique de douelle, on se sert d'un autre instrument qui se compose des deux règles parallèles et divergentes ci-dessus, reliées à leur base par une lame flexible pouvant s'appliquer sur l'hélice de joint, et fixées à un châssis dont deux côtés parallèles forment la cerce suivant l'arc de section droite (et suivant l'arc de tête dans le cas du cylindre elliptique), et les deux autres côtés sont établis suivant des parallèles aux génératrices du cylindre de douelle.

Au moyen de cet instrument, qui a pour surface directrice la surface de joint déjà taillée à l'aide des règles divergentes, l'ouvrier pratique sur la douelle deux plumées, suivant.la cerce et suivant la génératrice que détermine l'instrument.

Il enlève ensuite l'excédant de pierre, en se servant d'une règle ordinaire et d'une simple cerce qu'il promène alternativement sur la surface de douelle, parallèlement aux ciselures qu'il y a d'abord pratiquées.

Cette surface étant convenablement taillée, il est facile d'y placer le périmètre de la douelle du claveau, au moyen d'un panneau flexible dont la forme s'obtient sur l'épure en grand par les moyens que nous avons fait connaître, et que l'on applique sur cette douelle en faisant coïncider l'arête qui représente, sur le panneau, la transformée de l'hélice de joint avec cette ligne de joint déjà déterminée sur la pierre.

La surface du deuxième joint est déterminée comme celle de la première à l'aide des règles parallèles et divergentes considérées comme génératrices, mais en se servant de la douelle comme directrice pour le mouvement du châssis de l'instrument qui a servi à déterminer cette surface.

De sorte que le premier joint sert à déterminer la surface de douelle, tandis que c'est à l'aide de celle-ci que l'on obtient la surface du deuxième joint.

Le parement de tête du claveau étant le résultat de l'intersection du plan de tête et des trois faces déjà taillées, il devient nécessaire de déterminer les lignes d'intersection de trois de ces faces.

Une construction laborieuse donne l'angle de la corde de l'hélice et de la normale qui forme l'arête du panneau de tête, et par suite sert à déterminer cette arête.

On connaît alors la position de deux lignes situées sur le plan de tête : l'arête de la surface de joint et l'arête commune à la surface de joint et au plan de tête ; ces deux lignes étant définitivement tracées sur la pierre, le parement vertical du claveau peut être facilement taillé avec le secours du panneau relevé sur l'épure.

La construction des deux instruments que nous venons de décrire ne présente pas beaucoup de difficultés ; mais il n'en est pas de même de leur emploi. On peut voir en effet que la première surface de douelle que l'on obtient à l'aide des règles parallèles et divergentes est d'une génération vicieuse, par suite de l'insuffisance de l'emploi de ces règles ; car il est à remarquer que ces règles ne donnent que deux génératrices de la surface hélicoïdale, et par conséquent ne peuvent servir à déterminer qu'imparfaitement cette surface, et qu'en outre l'instrument dont il s'agit ne donne pas le moyen de tracer l'hélice de joint, qui cependant nous paraît indispensable pour servir de directrice à l'instrument lui-même et à la règle ordinaire à l'aide de laquelle on doit terminer la taille.

Cela étant une fois admis, si l'on considère que cette première surface de joint forme la base de tout le système, puisqu'elle sert de directrice à l'instrument à l'aide duquel les autres faces du claveau doivent être obtenues, il est évident que les diverses opérations qui conduisent successivement à la détermination de la douelle, de la surface du deuxième joint, et enfin du parement de tête, et qui se déduisent d'une base vicieuse, ne peuvent donner elles-mêmes que des résultats erronés.

Ces règles divergentes peuvent être avantageusement remplacées par un instrument dont l'emploi n'a pas encore été fait, et qui est dû à M. Repusseau, l'un des employés attachés à la surveillance des travaux de maçonnerie, pour la construction de voûtes biaises dans la première section du chemin de fer de Strasbourg.

Cet instrument, représenté dans la *fig.* 23, se compose d'une planchette ou panneau plein nvv', dans lequel on a pratiqué deux rainures $ed, e'd'$ destinées à recevoir chacune une coulisse graduée $AB, A'B'$. Les divisions de ces coulisses correspondent à des divisions semblables tracées sur les rives et le long des rainures dans lesquelles elles glissent.

Les deux coulisses sont reliées à leur sommet par une traverse percée d'un œil C, dans lequel tourne perpendiculairement au plan de la planchette une tige CD divisée dans sa longueur.

Cette tige fait mouvoir deux règles plates ajustées de champ, dont l'une mn est fixe et placée à l'extrémité C de la tige, sur la face même de la traverse et sur son axe de rotation; l'autre règle $m'n'$ est percée dans son milieu et livre passage à la tige CD, le long de laquelle elle glisse, et détermine les diverses longueurs de lit des claveaux.

Ces règles peuvent descendre avec les coulisses, de manière que la surface de la règle supérieure puisse au besoin être superposée à la face supérieure de la planchette.

L'emploi de cet instrument est assez simple. La tête du claveau étant préalablement taillée, et les arêtes de joints y étant tracées, on applique la planchette sur ce parement, en ayant soin de placer l'arête de la planchette suivant l'arête commune au parement de tête et au lit du claveau. On fait ensuite glisser les coulisses $AB, A'B'$ le long des rainures, et tourner la tige CD autour de son centre de rotation C, jusqu'à ce que l'arête mn de la règle supérieure se trouve exactement suivant la projection, sur le plan de tête, d'une génératrice de la surface gauche à tailler.

Si l'on place la règle inférieure le long de la tige, à la distance où doit se trouver cette génératrice par rapport au plan de tête, cette règle devant suivre le même mouvement que la règle supérieure, son arête déterminera sur la pierre la position de la génératrice cherchée.

On pratique alors une plombée dans la pierre, le long de cette ligne, et l'on recherche, par le même procédé, la position d'une nouvelle génératrice.

La surface de joint peut ensuite être taillée à l'aide d'une règle ordinaire glissant parallèlement à la corde de l'hélice de joint, le long de ces génératrices prises deux à deux comme directrices.

Il suffit, dans le plus grand nombre de cas, de déterminer seulement la génératrice qui passe par le milieu de l'hélice de joint, et celle qui est opposée à l'arête de tête.

Ces génératrices sont déterminées par les intersections de la surface de joint avec les sections parallèles au plan de tête et passant par les extrémités et par le point milieu de l'hélice de joint; or, la position de chacune de ces intersections est exactement donnée sur le plan de tête, considéré comme plan de projection.

En jetant les yeux sur la *fig.* 16, on voit qu'après avoir tracé ces intersections, par les moyens que nous avons indiqués, il suffira pour avoir leur position sur la pierre, à l'aide des règles mobiles, d'élever sur l'arête de tête trois perpendiculaires, l'une sur le milieu du parement de tête, et les deux autres à une distance de ce point, égale à l'écartement de l'axe des coulisses de l'instrument, par rapport à son centre C. On prendra ensuite sur chacune des deux perpendiculaires extrêmes, l'écartement de la génératrice que l'on considère, par rapport à l'arête du panneau de tête; et à l'aide de la graduation des coulisses et des rives des rainures, il deviendra facile de fixer la règle supérieure mn, suivant la position de cette génératrice.

La règle inférieure étant placée le long de la tige, à la distance voulue que l'on prendra sur le plan horizontal de projection, l'arête de cette règle déterminera la génératrice cherchée.

Bien que nous n'ayons pas encore pu faire l'essai de cet instrument, qui n'a été imaginé qu'après l'achèvement des travaux et à la suite de nombreuses observations, nous ne doutons pas qu'il ne soit appelé à rendre quelques services dans la pratique; car il présente, à plusieurs titres, des avantages incontestables sur les divers instruments connus; il est en outre d'un maniement facile et n'abandonne rien à l'appréciation souvent trompeuse de l'œil.

Nous croyons avoir suffisamment développé les divers procédés que l'on peut employer en pratique pour donner aux voussoirs la forme et le fini que comporte l'appareil hélicoïdal; néanmoins il nous reste encore à présenter quelques observations sur la nécessité de changer un peu la forme de ces voussoirs.

Cette modification n'a pas pour but d'influer sur les conditions d'équilibre de l'appareil, mais seulement de concilier ces conditions avec les principes généraux de stabilité des constructions.

On peut remarquer en effet qu'en conservant aux voussoirs de tête la forme et la régularité que nous leur avons supposées jusqu'ici, cette disposition aura pour effet, non-seulement de rendre vicieuse et même impraticable la liaison du bandeau de tête avec le massif de maçonnerie de la voûte et des murs de tête, mais encore de présenter des surfaces inclinées qui provoqueraient inévitablement des glissements, à défaut d'une grande puissance de cohésion dans les mortiers.

Ainsi en taillant la face extrême A' opposée à la tête, suivant un plan parallèle à la surface de tête, et la face supérieure ou extrados, suivant une surface cylindrique concentrique au cylindre d'intrados, ou même suivant un plan parallèle aux génératrices de la surface d'intrados, il en résulterait que dans les voussoirs dont la douelle forme avec le plan de tête un angle maigre ou gras, l'angle d'extrados étant supplémentaire à ce dernier, la partie supérieure du voussoir aurait une inclinaison plus ou moins forte. Quel que fût le sens de cette inclinaison vers l'intérieur ou l'extérieur de la voûte, il serait toujours à peu près impossible d'asseoir sur cette surface les assises de moellons qui doivent surmonter le bandeau de tête.

Sur la face opposée à la tête du claveau, l'angle de douelle étant également supplémentaire à celui que forme cette douelle avec le parement de tête, il en résulterait pour la construction le même inconvénient que ci-dessus, c'est-à-dire que lorsque l'angle serait gras, on aurait à poser les moellons de douelle sur un lit incliné en dehors de la voûte, et que cette disposition compromettrait la solidité de la voûte.

Pour faire disparaître ce qu'un tel état de choses présente de défectueux et de contraire aux lois générales qui régissent la construction, il faut modifier les coupes de l'appareil en s'imposant la condition de transformer les faces de liaison du bandeau de tête avec la maçonnerie de la voûte et les murs de tête, suivant des surfaces ayant pour génératrices des lignes horizontales ou normales au cylindre de douelle.

A cet effet on taillera la partie supérieure ou l'extrados de chaque claveau, suivant une surface cylindrique ayant pour directrice la courbe d'extrados du bandeau de tête et pour génératrice une ligne perpendiculaire au plan de tête.

Nous avons déjà fait voir la nécessité de substituer aux surfaces planes et parallèles au plan de tête, qui forment les lits ou joints transversaux, des surfaces gauches engendrées par la suite des normales au cylindre le long des hélices transversales perpendiculaires aux axes des cours de voussoirs.

Cette modification importante étant appliquée à la taille des voussoirs de têtes, il s'ensuivra que la face de derrière, que nous avons jusqu'à présent considérée comme parallèle à la tête, deviendra une surface gauche dont la génératrice en chaque point de l'hélice de joint sera normale, non plus seulement à la section oblique parallèle au plan de tête, mais encore à la section droite passant par ce point.

En pratique, ces modifications ne sont pas susceptibles d'une application rigoureuse ; il suffira dans certain cas, comme on va le voir, de subordonner et de restreindre la longueur des génératrices de ces nouvelles surfaces à la queue des moellons de parement de tête et de douelle.

Si l'on considère par exemple deux claveaux de tête, pris, l'un à droite, l'autre à gauche de la voûte, et qu'on les coupe par un plan vertical perpendiculaire au plan de tête, on obtiendra par la première disposition des sections telles que *abcd* (fig. 27), lorsque l'extrados formera avec la tête un angle gras, et *abcd* (fig. 27 *bis*), quand ce même angle sera maigre; *cd* étant dans le plan de tête et *cb* limitant l'extrados.

L'application des diverses modifications ci-dessus changera la forme de ces sections, qui deviendront d'abord: *akcd* dans l'angle maigre et *abk'kcd* avec l'angle gras; ensuite, par le changement des surfaces de joints, *afcd* dans le premier cas, *aekcd* dans le second; et enfin, en conciliant les principes de stabilité et d'économie *afghk'kcd* (fig. 27), quand l'angle d'extrados sera gras, et *aegcd* (fig. 27 *bis*), dans le cas contraire.

Ces dernières dispositions offrent l'avantage d'avoir pour les moellons de tête et de douelle des lits convenables, et permettent de réduire le déchet de la pierre à de faibles limites.

Dans le cas où le cube de chaque claveau devrait être fait avant la pose, comme cela se pratique assez souvent, il deviendrait inutile d'assigner à la partie de derrière de ces claveaux une forme régulière; l'on pourrait alors laisser la queue brute, et avoir des pierres taillées comme le montrent les fig. 28, 29 et 29 *bis*.

L'appareil des têtes est intimement lié à celui des crossettes ou coussinets de naissances le long des pieds-droits; la taille de ceux-ci doit donc s'opérer simultanément avec celle des voussoirs.

Parmi les diverses formes que peuvent affecter les crossettes, nous avons choisi celles qui tout en donnant le moins de déchet possible offrent aussi le double avantage de la solidité et de la simplicité.

Ces crossettes, représentées par la fig. 30 pour les pleins cintres, et par la fig. 31 pour les voûtes en arc de cercle, se composent à leur partie inférieure d'un parallélipipède rectangle formant pied-droit sur une hauteur de $0^m,15$ à $0^m,20$; elles font harpe dans la voûte et dessinent sur la surface cylindrique de douelle des triangles curvilignes *tqr* dont nous avons déterminé le développement sur l'épure. On pourrait au besoin calculer les éléments de ces triangles développés qui sont semblables et contiennent l'angle héliçoïdal.

Les crossettes reposent horizontalement par leur partie inférieure sur les pieds-droits, dont elles forment la dernière assise; elles sont séparées entre elles par des joints perpendiculaires au parement des pieds-droits; ces joints verticaux s'arrêtent à la hauteur des naissances *t'tr* dans les voûtes en plein cintre et règnent sur toute la hauteur de la crémaillère dans le cas des voûtes en arc de cercle.

Dans la partie supérieure des crémaillères qui appartient à la voûte, les joints ne sont que le prolongement de ceux de la voûte; mais afin de donner aux crossettes la forme simple et régulière que nous avons adoptée, et pour obtenir aussi le minimum de déchet dans la pierre, l'on doit modifier un peu ces surfaces de joints.

Pour les déterminer, on taillera d'abord la douelle *tqr* de la crossette, à l'aide d'une cerce, qui, dans son mouvement sur cette surface, devra être maintenue ou parallèle au plan de tête ou dans un plan perpendiculaire à la ligne des naissances, suivant que sa courbure dessinera l'arc de tête ou l'ellipse de section droite. Cette cerce se composera d'une partie courbe et d'une partie droite ; cette dernière devra constamment glisser sur le parement du pied-droit.

Une certaine étendue de la face de la pierre au-dessus de la ligne des naissances *tr* étant taillée suivant cette cerce on tracera sur cette douelle le périmètre du triangle curviligne en y appliquant le panneau relevé sur l'épure en grand, ou construit d'après les éléments calculés.

On mènera ensuite, soit par un tracé direct sur la pierre, soit à l'aide d'un beuveau construit *ad hoc*, les normales à la section droite en chacun des sommets *t*, *q* et *r* du triangle de douelle ; ces normales seront prolongées jusqu'à la rencontre de la face de derrière de la crossette dans les voûtes en plein cintre et jusqu'au plan supérieur dans le cas de l'arc de cercle.

Les surfaces déterminées par ces normales et par les arêtes du triangle de douelle, seront les lits ou joints sur lesquels doivent reposer les retombées des assises successives de douelle qui forment les cours de voussoir longitudinaux de la voûte.

Il est à remarquer que dans les deux cas du plein cintre et de l'arc de cercle, la forme régulière que nous avons adoptée pour les crossettes permet d'en faire le cube exact ; mais au point de vue de la solidité, il serait beaucoup plus convenable de s'astreindre à cuber les crémaillères pierre par pierre avant la pose, et de laisser alors la partie de derrière des crossettes à l'état brut afin de faciliter leur liaison avec la maçonnerie des pieds-droits et de la voûte.

Pour compléter l'appareil de la voûte, il ne reste plus qu'à s'occuper de la taille des voussoirs ou moellons de douelle.

Lorsque cette douelle doit être totalement construite en pierre de taille d'un assez fort échantillon, il est indispensable d'appareiller chaque morceau et de tracer sur la surface cylindrique des couchis les joints discontinus qui doivent limiter ces voussoirs transversalement.

Nous montrerons plus loin, dans l'exposé du mode de construction, comment on peut tracer sur le cintre les deux systèmes de joints de douelle.

Chaque voussoir de douelle a ainsi sa place arrêtée sur le cintre, et sa surface cylindrique offre plus ou moins de courbure, suivant la section droite, selon la position occupée par ce voussoir.

La coupe et la taille de ces pierres d'appareil doivent être faites avec autant de soin que celles des voussoirs de têtes, dont elles diffèrent peu sous le rapport de la forme.

Les joints transversaux des voussoirs de douelle, au lieu d'être parallèles aux plans de tête, sont, comme nous l'avons montré, des surfaces gauches formées par les normales au cylindre le long des hélices ou joints de douelle discontinus.

Ces surfaces gauches, de même que les surfaces hélicoïdales de joints continus, seront facilement déterminées et taillées par les procédés que nous avons décrits. Pour tailler la douelle, on n'aura qu'à pratiquer une plumée sur la pierre, suivant la génératrice, dont la position sera pris sur le cintre.

Lorsque le parement de douelle de la voûte doit être construit en moellons, et c'est le cas le plus général, on n'a que très-rarement à se préoccuper des coupes ; car ces moellons ont de faibles dimensions et peuvent presque toujours être taillés comme des moellons de douelle d'une voûte droite, c'est-à-dire sous la forme de parallélipipèdes rectangles, en ce qui concerne les faces de parements et de joints. Néanmoins il peut arriver que ces dimensions soient suffisamment grandes par rapport au rayon de la voûte pour que la face inférieure ou de douelle de ces moellons embrasse une étendue relativement importante sur le cylindre de douelle. En ce cas, la douelle de chaque moellon doit être taillée correctement suivant la surface cylindrique ; or, comme la largeur d'assise du moellon sera encore très-petite, la surface de douelle pourra ne pas avoir de courbure sensible et être déterminée seulement comme surface gauche ; la même raison dispensera de tailler les joints transversaux suivant des surfaces gauches.

Les joints longitudinaux peuvent toujours être taillés à l'aide d'un beuveau s'appuyant sur la douelle suivant une direction donnée ; il n'y a donc réellement que la surface de douelle qui, sans présenter de sérieuses difficultés, exige au moins quelque attention de la part de l'appareilleur.

Or, cette douelle peut être déterminée de plusieurs manières ; celle qui se présente tout d'abord au praticien, c'est d'opérer la taille de chaque moellon à l'aide d'un beuveau ou d'une règle dont la position soit relevée sur le cintre, comme nous l'avons déjà proposé pour les voussoirs.

Ce moyen est praticable, mais il est très-lent, à cause de l'opération particulière à faire sur le cintre pour chaque moellon.

On peut gagner beaucoup de temps en prenant sur la zone de douelle qui forme l'assise centrale, c'est-à-dire qui est comprise entre les hélices partant des angles des deux pieds-droits, des distances données représentant les longueurs de moellons, et en faisant pour cette zone une épure qui donne la position des panneaux de joints aux divers points de division. Il est évident que cette zone comprend tous les gauches de douelle, et que chaque moellon de douelle pouvant être assimilé par sa position à l'un des moellons de la zone centrale, dont tous les éléments sont déterminés, il deviendra facile d'avoir la position exacte des deux panneaux de joints de ce moellon.

Voici du reste un procédé d'une application simple, et dont l'emploi serait difficilement praticable dans une grande voûte, mais qui, dans les conditions où nous nous plaçons, c'est-à-dire dans le cas d'une voûte d'un petit rayon, peut offrir certains avantages sur les systèmes précédents. On se sert d'un instrument (*fig.* 24) qui se compose d'un châssis ABDC de forme rectangulaire, dont le vide présente des dimensions un peu plus grandes que celles que l'on veut donner au parement de douelle des plus forts moellons.

A l'une des extrémités du châssis et perpendiculairement à son plan, on fixe un panneau plein MN*mn* taillé suivant la coupe droite d'une assise de moellons.

Une traverse EF pouvant glisser parallèlement aux côtés AB et CD, le long des règles AC, BD, contient en son milieu une tige qui sert d'axe de rotation à un second panneau *abdc* placé dans un plan parallèle au premier.

Après avoir tracé sur le cintre les joints transversaux discontinus de plusieurs assises, l'appareilleur applique sur un joint l'arête *mn* du panneau fixe, et fait mouvoir le second panneau et la traverse qui le supporte jusqu'à ce que l'arête *cd* recouvre exactement le joint suivant. Il fixe alors au moyen d'écrous à oreillettes la traverse EF et le panneau mobile qui aura pris, par exemple, la position *a'b'd'c'*.

L'appareilleur peut ainsi, à l'aide de cet instrument, prendre la distance des lits transversaux et le gauche de la douelle de tous les moellons sans exception.

Il donne d'abord à chaque ouvrier la longueur du moellon à tailler, et après que les lits transversaux ont été suffisamment dressés et taillés, suivant deux plans parallèles, il est facile, en faisant glisser la surface intérieure des panneaux de l'instrument le long des lits de la pierre, de fixer la position de ces panneaux et de tracer les arêtes suivant lesquelles l'ouvrier doit délarder et tailler.

L'application de ce procédé pour la taille des moellons de douelle nous parait tellement simple que nous ne croyons pas devoir ajouter d'autres explications. Nous dirons seulement que l'expérience a confirmé complétement les bons résultats que l'on pouvait attendre de l'emploi de l'instrument que nous venons de décrire.

Dans le dernier numéro des *Annales*, M. Graeff, ingénieur des ponts et chaussées, traite comme il suit la question d'appareil des moellons de douelle dans les voûtes héliçoïdales :

« Les moellons piqués de l'intérieur des voûtes appareillées suivant le système héliçoïdal étant en général de petites pierres, on se borne tout simplement à les tailler comme des voussoirs droits, sauf à dégauchir les douelles. Pour y arriver, on opérera de la manière suivante : on placera sur le cintre du pont un de ces moellons taillés suivant les lignes d'assise qui fixent sa position ; la douelle du moellon qui est rectangulaire et plane ne reposera sensiblement sur le cintre que par les extrémités d'une de ses diagonales ; on dégauchira alors cette face jusqu'à ce qu'elle coïncide, autant que possible, avec la surface cylindrique du cintre.

» Tous les moellons piqués dans une voûte héliçoïdale étant à peu près de longueur et de largeur uniforme en douelle, on peut se guider pour dégauchir toutes les douelles des autres moellons sur le premier que l'on aura taillé, en portant sans erreur sensible les mêmes quantités sur les arêtes correspondantes de chacun de ces moellons pour le dégauchissement de chaque douelle. »

Ce système peut bien être praticable dans certains cas, mais il conduirait évidemment à des résultats erronés s'il était appliqué à des voûtes de petit rayon et d'un biais assez prononcé. En ce cas, en effet, le rapport des rayons de courbure de l'ellipse de section droite est tel, que chaque done hélicoïdale de douelle comprise entre deux hélices de joints présente suivant des longueurs égales des gauches différents.

Nous avons épuisé tous les détails concernant les pierres d'appareil à employer dans la construction de la voûte hélicoïdale proprement dite, mais il nous reste encore à présenter quelques considérations d'une application générale dans les divers systèmes de voûtes biaises.

On sait que les pierres d'angles des pieds-droits dans les voûtes, doivent présenter une queue suffisante pour pouvoir être solidement reliées avec les massifs de maçonnerie de ces pieds-droits.

Cette condition essentielle est souvent très-difficile à obtenir dans les angles aigus du pied-droit, lorsque l'angle du biais est trop prononcé; car, les arêtes verticales de parement se trouvant ainsi trop rapprochées, il s'ensuit que les retours d'équerre qui doivent former les joints verticaux de la pierre se coupent à peu de distance de l'angle du pied-droit, et par suite réduisent la queue de cette pierre d'angle à des dimensions si exiguës, qu'il devient à peu près impossible de la relier avec le massif

On peut adopter, suivant le cas, les sections représentées par les *fig.* 25 et 25 *bis*, dans lesquelles le sommet *a* occupe la position du point d'angle du pied-droit.

La profondeur des retours d'équerre *bcd*, *hgf*, est subordonnée à la longueur de queue des moellons de parement.

Les *fig.* 26 et 26 *bis* indiquent la forme à donner aux pierres d'angle lorsque, par suite de l'ouverture de l'angle, les points *b* et *d*, origine des joints, ne sont pas trop rapprochés.

Parmi les divers genres de murs que l'on construit habituellement pour soutenir les terres aux abords des ouvrages d'art, le système le plus usité aujourd'hui est, sans contredit, celui des murs en aile.

Cette préférence est fondée, d'abord sur le caractère d'élégance que ces murs donnent aux têtes des ouvrages d'art auxquels on les annexe, ensuite sur les avantages qu'ils présentent non-seulement sous le rapport de leur solidité particulière, mais encore au point de vue de la solidité de l'ouvrage qu'ils sont destinés à contrebuter.

On n'ignore pas, en effet, à combien de mouvements et d'efforts sont soumises les têtes d'un pont même droit. Assez souvent, après quelques mois de circulation sur des ponts construits avec soin, les têtes ont manifesté une tendance au renversement, par suite des effets de la trépidation, et ces mouvements ont nécessité la pose de tirants en fer ou l'emploi de tout autre système de consolidation.

Nous ne croyons donc pas sortir de notre sujet en nous occupant de l'appareil des murs en aile, dont l'exécution demande quelques soins et a quelquefois embarrassé les appareilleurs, à cause des coupes biaises du couronnement.

L'appareil du mur en aile proprement dit, est subordonné à celui de l'ouvrage auquel il est lié, et il n'a de particulier que le couronnement de sa surface de raccordement avec le plan incliné du talus.

Il existe plusieurs variétés de systèmes pour l'appareil de ces couronnements ; celui qui a été le plus pratiqué pendant quelques années consiste à poser, sur l'arasement incliné de la maçonnerie du mur, de simples dalles arasées suivant le plan du talus avec lequel leur surface supérieure doit se raccorder.

Ce système, qui a encore été employé récemment au chemin de fer du Nord, offre un grave inconvénient ; c'est que, les dalles étant posées sur un plan incliné, il arrive presque toujours que le mortier ne présente pas, au moment de la pose surtout, une adhérence suffisante pour empêcher leur glissement, et que, par suite, l'on est obligé d'opposer une résistance à cet effort en construisant à l'extrémité inférieure du couronnement un massif de maçonnerie qui est d'un très-mauvais aspect.

L'appareil que l'on emploie généralement aujourd'hui pour le raccordement des murs en aile avec les surfaces du talus qu'ils ont à soutenir, consiste en un couronnement de pierre de taille dont les divers éléments se raccordent avec les assises du mur par des joints horizontaux et verticaux qui se retournent d'équerre à la surface arasée dans le plan du talus.

Les joints de la surface inclinée sont horizontaux et parallèles aux plans des têtes, quelle que soit l'inclinaison du mur en aile par rapport à l'axe de la voûte. (Voir ABCDEFG, *fig.* 36.)

Ces pierres de couronnement auxquelles on a donné le nom de *rampants*, ont chacune deux surfaces de parements vus, dont la coupe présente quelques difficultés aux appareilleurs.

Nous allons déterminer les panneaux nécessaires pour la taille de ces parements.

Le panneau vertical est donné en vraie grandeur par le rabattement de l'élévation du mur.

Le plus important à déterminer, est celui de la face supérieure qui est dans le plan du talus. Soit CABO le lit du rampant ; AC*b* l'angle d'inclinaison de l'arête C*b* de la surface supérieure, rabattu sur le plan horizontal autour de l'arête AC ; et O'GHB' le parement vertical.

La face supérieure du rampant sera un parallélogramme DFHG, dont

deux côtés DF, GH, sont déterminés en vraie grandeur par le rabattement du parement vertical du rampant.

La perpendiculaire EG qui mesure la distance entre les deux côtés,
est l'hypoténuse *ob* d'un triangle rectangle *oab*, dont *oa* et *ab* sont les
côtés de l'angle droit ; ce triangle étant rabattu en *aob'*; la perpendiculaire EG sera donnée en vraie grandeur par la ligne *ob'*; la retombée DE
sera égale à *cb*.

Avec ces données il est facile de déterminer le parallélogramme DFHG
et par suite de construire le panneau de la face supérieure du rampant.
Ce panneau étant appliqué sur la pierre devra former, avec le parement
vertical du rampant, un angle dièdre, dont la mesure est donnée par
l'angle droit augmenté de l'angle rectiligne *aob'*.

En appelant α l'angle d'inclinaison de l'arête de la face supérieure du
rampant, les divers angles que nous avons considérés, donnent :

$$ab = ac \, sin \, \alpha \quad ; \quad bc = ac \, cos \, \alpha$$

$$ob = ob' = \sqrt{\overline{ao}^2 + \overline{ab}^2}$$

On voit du reste, d'après ce qui précède, que ces divers éléments peuvent être facilement obtenus à l'aide des moyens graphiques.

MODE DE CONSTRUCTION.

Les crémaillères de naissances et les claveaux de têtes étant complètement taillés et prêts à poser, le travail de la pose ne peut s'effectuer qu'a-
près certaines opérations qui ont pour but de tracer sur la surface cylindrique du cintre les divers éléments qui doivent former le dessin de la
douelle de la voûte.

A cet effet, les fermes étant mises en place suivant des sections parallèles aux plans de têtes, et solidement reliées par un système de moises
établies parallèlement aux génératrices du cylindre de douelle, on pose
jointifs des couchis convenablement dressés et d'égale épaisseur.

Quelques constructeurs conseillent d'établir, sur la partie supérieure
des couchis, une aire en plâtre destinée à racheter le défaut d'épaisseur
des couchis et à régulariser aussi bien que possible la surface cylindrique
de pose. Cette précaution ne peut que donner de bons résultats, mais
nous la croyons au moins superflue; elle présente en effet, en exécution,
à peu près autant de difficultés que le travail nécessité par la régularisa-
tion de la surface cylindrique sur les couchis, et elle offre de plus un surcroît de dépenses quelquefois assez considérable.

Après avoir parfaitement établi la surface cylindrique de pose par
l'emploi de procédés quelconques, en ayant eu soin de ménager aux extrémités des couchis une saillie de quelques centimètres sur les plans de
têtes, on trace sur les couchis l'intersection des plans de têtes avec le cylindre de douelle. Ces intersections déterminent de chaque côté de la

voûte les arcs suivant lesquels doit s'effectuer la pose des voussoirs de têtes.

Il existe pour cette opération plusieurs procédés qui sont familiers aux ouvriers: le plus usité est celui qui consiste à fixer sur deux montants une traverse (règle ou cordeau) dont l'une des arêtes se trouve exactement dans le plan vertical de tête, et à projeter ensuite, à l'aide d'un plomb à pointe, plusieurs points de cette ligne sur la surface supérieure des couchis. La réunion de ces divers points par une ligne tracée au pinceau suivant une règle flexible, détermine sur les couchis l'arête extrême de pose des voussoirs de tête.

Toutefois il est indispensable, pendant l'exécution, de vérifier constamment ces arêtes de pose, dont la courbure peut être altérée à chaque instant par suite de la flexion des couchis, et afin que cette vérification puisse se faire avec exactitude, il convient d'isoler complétement les tringles qui servent à déterminer les plans de têtes de tout mouvement dépendant de la construction. On pourra avoir alors toute facilité pour régler convenablement la pose. Pour cela il suffira de tracer sur l'une des faces horizontales de la traverse dont il vient d'être question (la face la plus rapprochée du cylindre de douelle) des lignes qui soient les intersections de cette face avec les surfaces de joints ; et sur la face verticale qui se trouve dans le plan de tête, les verticales passant par les extrémités inférieures des normales de joints situées sur le plan de tête. A l'aide de ces éléments, les poseurs pourront constamment retrouver la position rigoureuse de chaque claveau.

Après avoir tracé sur le cintre les arêtes extrêmes de pose, on opérera sur ces arcs la division des voussoirs de têtes ; on battra ensuite le cordeau sur toute la longueur du cintre, suivant quelques-unes des génératrices du cylindre tracées sur l'épure du développement de la douelle. Ces lignes seront tracées d'une manière apparente et serviront à déterminer les sections obliques qui doivent limiter intérieurement les voussoirs de têtes sur la douelle, de même qu'un certain nombre de sections droites qui diviseront la surface cylindrique entre les angles aigus des précédents pieds-droits en plusieurs zones égales.

Les transformées de ces sections droites seront également tracées sur l'épure du développement ; et, les divisions qui seront déterminées sur ces lignes par la rencontre de ces dernières avec les développées des hélices successives de joints étant rapportées sur le cintre le long des ellipses, il sera facile, en numérotant et en joignant ces divers points, de tracer à l'aide d'une règle flexible et sur toute l'étendue de la surface supérieure du cintre le réseau des lignes ou hélices de joints continus qui doivent limiter longitudinalement les cours d'assises de têtes et de douelle.

Plusieurs constructeurs opèrent le tracé des hélices de joints sur le cylindre de pose à l'aide de sections obliques rapportées sur le cintre ; nous croyons que c'est là un mode vicieux qui peut occasionner des erreurs.

Il nous parait à la fois plus simple et plus convenable d'employer des sections droites, qui, étant transformées en lignes droites sur l'épure du développement, permettent de relever plus exactement sur cette épure la division des assises de douelle, et de l'enrouler très-facilement autour du cintre.

Rien ne s'oppose plus maintenant à la construction de la voûte, et la pose des pierres d'appareil peut avoir lieu immédiatement suivant la place qui leur est rigoureusement assignée sur le cintre, où l'on pourra reconnaître la moindre erreur dans les surfaces de taille.

Chaque pierre d'appareil portant une lettre et un numéro d'ordre correspondant à l'assise à laquelle elle appartient et à la place qu'elle doit occuper sur le cintre, on posera d'abord les crémaillères ou crossettes de naissances, et la première retombée de chaque tête aux quatre angles de pieds-droits. On exécutera ensuite simultanément la pose des claveaux de têtes et la construction de la maçonnerie de parement de la douelle, en partant à la fois des deux naissances, et en s'élevant successivement et également de chaque côté de l'axe jusqu'au sommet de la voûte ; ces assises seront alternativement arrêtées et continuées de manière à conduire la maçonnerie suivant une ligne brisée à redents, dont les éléments restent constamment parallèles à ceux de la crémaillère. (Voir fig. 10.)

Ces prescriptions sont de la plus haute importance. En s'y conformant, on répartit également la charge sur la surface cylindrique, et on évite par là un accident assez fréquent dans la construction des voûtes biaises, c'est-à-dire un mouvement de torsion qui peut amener le déversement des têtes.

L'on conçoit, en effet, que dans l'affaissement qui se produit presque toujours dans les voûtes pendant la construction, au fur et à mesure de l'augmentation de la charge, les assises hélicoïdales, tendant à tomber verticalement, agissent de tout leur poids sur leurs extrémités ; or, comme l'une des extrémités est fixe sur le pied-droit, et conséquemment résiste au mouvement, et que l'autre aboutit sur l'une des têtes, il s'ensuit que l'effort doit s'exercer en totalité sur la tête et amener son déversement. Le même effet se produit lorsque l'assise, au lieu de reposer d'un côté sur le pied-droit, s'appuie par ses deux extrémités sur les têtes ; mais en ce cas, l'effort se trouve partagé entre les deux têtes, et il est alors moins sensible sur chacune d'elles.

Nous ajouterons encore une observation importante relative à la pose des voussoirs de têtes.

Il résulte des conditions théoriques de l'appareil hélicoïdal, comme nous l'avons déjà vu, que les joints continus de la douelle coupent toutes les génératrices de la surface cylindrique de cette douelle sous le même angle. Il s'ensuit que les premières retombées de chaque tête ont pour lits de pose des surfaces inclinées qui tendent souvent à les faire glisser en dehors de la voûte dans l'angle aigu, et vers la ligne des naissances dans l'angle obtus. On évite cet inconvénient en reliant entre elles les premières retombées de l'angle aigu au moyen de petits goujons en fer. On remarquera toutefois que ces goujons n'ont pas pour effet de résister à un mouvement quelconque dépendant de la poussée de la voûte, mais simplement d'empêcher le glissement des voussoirs pendant la pose.

Les retombées de l'angle obtus, rencontrant une résistance suffisante vers l'intérieur de la voûte, leur glissement n'est pas à craindre et dès lors on peut se dispenser de les relier, sauf dans les cas particuliers des voûtes surbaissées où, comme nous le montrerons plus tard, ces voussoirs sont appelés à résister à des mouvements résultant des efforts de la poussée au vide.

Dans la construction des voûtes hélicoïdales en plein cintre, il serait généralement superflu d'avoir recours à d'autres précautions exceptionnelles que celles que nous venons de signaler, attendu que dans cette sorte de voûte les effets du tassement et de la poussée au vide sont à peu près insensibles, quel que soit l'angle du biais. L'exactitude de cette assertion peut n'être pas absolue au point de vue théorique, comme nous le verrons par la suite, mais elle se trouve confirmée en pratique par les nombreuses observations de divers constructeurs.

CHAPITRE IV.

Mouvements des ponts biais, et modifications à apporter dans l'APPAREIL HÉLIÇOÏDAL pour en diminuer les effets.

Dans un article très-remarquable, intitulé : CONSIDÉRATIONS GÉOMÉTRIQUES SUR LES ARCHES BIAISES, et publié dans les *Annales* du deuxième semestre 1851, M. de la Gournerie, ingénieur des ponts et chaussées, expose ainsi qu'il suit les causes et les effets de la poussée au vide, et il en déduit une nouvelle disposition d'appareil que nous aurons à examiner.

« Considérons une voûte cylindrique à têtes parallèles (elliptiques) et appelons courbe de joint l'intersection d'une surface de joint par un plan parallèle aux plans de têtes.

» En un point quelconque d'un lit ou joint continu, la pression se décompose en deux autres dans le plan parallèle aux têtes ; la première, tangente à la courbe de joint, tend à faire glisser les voussoirs de manière que l'un s'élève et que l'autre s'abaisse ; la seconde, normale à cette courbe, est aussi normale à la surface même du joint si l'arche est droite, mais lui devient généralement oblique quand l'arche est biaise, et sa composante dans le plan tangent à la surface du joint forme la poussée au vide propre aux arches biaises. La poussée totale qui sollicite un voussoir vers le vide est la composante intégrale des poussées au vide élémentaires.

» Chacune d'elles est égale au produit de la pression parallèle aux têtes et normale à la courbe de joint, par le cosinus de l'inclinaison du plan tangent à la surface de joint avec le plan de tête. Ce cosinus peut être, par conséquent, considéré comme le coefficient de la poussée au vide.

» Il suffit de regarder une arche biaise pour reconnaître que les lits ou joints continus sont généralement obliques sur le plan de tête. Si l'arche est en plein cintre, sur sa section droite à la naissance du côté où la culée présente un angle aigu, le lit forme un angle aigu avec la partie supérieure du plan de tête Cet angle augmente d'assise en assise, devient bientôt droit, puis obtus, et continue à croître jusqu'à la clef. A partir du sommet de la voûte, si l'on veut toujours considérer l'obliquité du lit sur la partie supérieure du plan de tête, il faut prendre l'angle supplémentaire qui est aigu à la clef. En descendant jusqu'à la naissance du côté où la culée présente un angle obtus, on trouve des angles supplémentaires de ceux qui sont aux points correspondants de l'autre côté.

» Ces variations de l'obliquité des lits se remarquent très-bien sur les dessins des arches biaises, principalement sur l'élévation parallèle aux têtes. On y voit qu'à une certaine hauteur la sinu-oïde projection de l'hélice intradossale a la même tangente que la courbe de joint : le lit est alors perpendiculaire au plan de tête. Au-dessus et au-dessous, les courbes s'inclinent en sens contraire. »

Après avoir établi qu'en chaque point d'un lit de joint, le cosinus de l'obliquité de la surface sur le plan de tête peut être considéré comme le coefficient de la poussée au vide en ce point, M. de la Gournerie, afin de se rendre un compte exact des variations de la force qui tend à renverser l'arche, recherche quelles sont les différentes valeurs que ce cosinus peut prendre. Il résulte de ses calculs que c'est aux naissances que ce cosinus désigné par φ atteint ses plus grandes valeurs et qu'il existe une obliquité en deçà et au delà de laquelle toutes les valeurs de ce cosinus diminuent. Cette valeur maxima répond à l'angle de 38° 35′ 11″; alors l'obliquité de la voûte est précisément égale à l'angle hélicoïdal, formé par l'hélice et la génératrice de la douelle. Quand l'angle d'obliquité devient plus petit que 40°, la valeur de *cos* φ diminue rapidement.

Voici, au reste, un tableau qui donne la série des valeurs de *cos* φ dans le cas d'une voûte biaise à tête elliptique; ces valeurs résultent des calculs de M. de la Gournerie, en faisant varier de 10 en 10 degrés l'angle d'obliquité de la voûte et l'angle au centre du point considéré sur la tête.

Hauteur angulaire.	OBLIQUITÉ DE L'ARCHE.							
	80°	70°	60°	50°	40°	30°	20°	10°
0°	— 0.145	— 0.235	— 0.314	— 0.379	— 0.407	— 0.386	— 0.306	— 0.170
	— 0.093	— 0.180	— 0.257	— 0.317	— 0.352	— 0.348	— 0.290	— 0.168
10°	— 0.085	— 0.165	— 0.233	— 0.282	— 0.304	— 0.290	— 0.233	— 0.134
	— 0.063	— 0.122	— 0.174	— 0.216	— 0.241	— 0.240	— 0.204	— 0.123
20°	— 0.056	— 0.109	— 0.155	— 0.188	— 0.204	— 0.198	— 0.163	— 0.099
	— 0.033	— 0.065	— 0.094	— 0.117	— 0.133	— 0.136	— 0.120	— 0.080
30°	— 0.029	— 0.057	— 0.081	— 0.100	— 0.111	— 0.110	— 0.096	— 0.066
	— 0.006	— 0.012	— 0.019	— 0.025	— 0.031	— 0.037	— 0.042	— 0.044
40°	— 0.005	— 0.009	— 0.014	— 0.020	— 0.026	— 0.032	— 0.037	— 0.037
	+ 0.019	+ 0.036	+ 0.030	+ 0.039	+ 0.060	+ 0.051	+ 0.029	— 0.003
50°	+ 0.017	+ 0.032	+ 0.043	+ 0.049	+ 0.047	+ 0.036	+ 0.015	— 0.011
	+ 0.040	+ 0.077	+ 0.109	+ 0.131	+ 0.139	+ 0.128	+ 0.091	+ 0.028
60°	+ 0.034	+ 0.065	+ 0.090	+ 0.105	+ 0.107	+ 0.091	+ 0.057	+ 0.010
	+ 0.037	+ 0.111	+ 0.156	+ 0.189	+ 0.203	+ 0.190	+ 0.140	+ 0.054
70°	+ 0.047	+ 0.089	+ 0.124	+ 0.146	+ 0.150	+ 0.132	+ 0.088	+ 0.025
	+ 0.070	+ 0.133	+ 0.191	+ 0.232	+ 0.231	+ 0.236	+ 0.177	+ 0.073
80	+ 0.055	+ 0.104	+ 0.145	+ 0.171	+ 0.177	+ 0.137	+ 0.107	+ 0.034
	+ 0.078	+ 0.151	+ 0.213	+ 0.259	+ 0.279	+ 0.264	+ 0.199	+ 0.084
90°	+ 0.057	+ 0.109	+ 0.152	+ 0.180	+ 0.186	+ 0.165	+ 0.113	+ 0.037
	+ 0.080	+ 0.156	+ 0.220	+ 0.268	+ 0.289	+ 0.273	+ 0.207	+ 0.088

Ces résultats font dire à l'auteur que c'est la poussée au vide des naissances qui doit surtout préoccuper les constructeurs, et que l'on doit préférer l'arc de cercle au plein cintre, *parce qu'il est certain que malgré le surbaissement, on peut, par l'emploi de l'arc de cercle, augmenter la stabilité d'une voûte.*

Dans ce tableau, le premier nombre de chaque case indique la valeur de *cos* φ ; le second nombre indique également la valeur de *cos* φ, mais en supposant la développée de l'hélice déviée d'une quantité telle que les tangentes du nouvel angle héliçoïdal et de l'angle héliçoïdal naturel soient dans le rapport de 4 à 5.

Ces dernières données résultent de l'application d'une modification proposée par M. de la Gournerie et qui a pour but de distribuer la poussée au vide mieux qu'elle ne l'est dans l'appareil habituellement suivi dans les voûtes cylindriques à section droite circulaire. On voit en effet, d'après ce tableau, qu'aux naissances le cosinus de l'inclinaison des joints, φ, atteint des valeurs assez grandes, et que suivant la théorie de M. de la Gournerie, la pression est à son maximum et la poussée au vide devient considérable.

L'auteur indique le moyen d'obvier à cet inconvénient, en considérant l'angle de l'hélice intradossale dans ses rapports avec la poussée au vide, et en prenant, à cet effet, pour directrice de l'héliçoïde de joint, une hélice perpendiculaire en développement à la corde de la sinusoïde transformée de l'ellipse d'intersection du plan de tête et d'un cylindre concentrique à l'intrados, ayant un rayon quelconque. On peut alors faire varier avec le rayon l'angle que les hélices intradossales forment avec les génératrices, et par suite modifier la distribution de la poussée au vide sur les divers points de la tête. Pour obtenir une répartition convenable de cette poussée, M. de la Gournerie propose, dans les cas les plus ordinaires, de diminuer de 1/5 la tangente de l'angle héliçoïdal théorique. Il ajoute que la nouvelle disposition qui résulte de la diminution de l'angle héliçoïdal, en rapprochant l'appareil héliçoïdal de l'appareil droit, a l'avantage de diminuer le gauche des joints et de les rendre plus faciles à tailler, et peut permettre de supprimer des armatures en fer, dans des cas où il eût été prudent d'en mettre.

Enfin, après avoir signalé l'effet préservatif de la modification qu'il propose contre les dangers des glissements qui se manifestent pendant la pose, sur les joints de naissances, l'auteur termine par les réflexions suivantes :

« Dans les voûtes en arcs de cercle (section droite), lorsque l'angle au centre (de la section droite) diminue, l'arc de sinusoïde développé de l'arc de l'ellipse de tête, tend rapidement à se confondre avec sa corde, et l'appareil héliçoïdal se rapproche beaucoup de l'appareil orthogonal. Cette circonstance rend l'arc de cercle d'un emploi avantageux dans le premier de ces appareils.

» Nous ne parlerons pas des voûtes biaises elliptiques (à tête circulaire) ; on en construit peu aujourd'hui ; M. Buck les rejette même entièrement : il dit qu'elles ne présentent qu'une stabilité insuffisante, et que leur exécution est difficile et dispendieuse. Il est certain que pour ces voûtes, les tracés et les calculs sont assez compliqués et que cette circonstance seule justifie la préférence des ingénieurs pour les voûtes circulaires (à tête elliptique). »

Les considérations géométriques développées dans le mémoire de M. de la Gournerie présentent un vif intérêt au point de vue théorique ; mais elles conduisent à des résultats que nous croyons très-contestables en pratique. Il résulterait, en effet, de cette théorie :

1° Que dans les voûtes biaises en plein cintre, ce serait aux naissances que la poussée au vide serait à craindre ;

2° Que, comme conséquence de ce fait, il serait avantageux, pour augmenter la stabilité d'une voûte biaise, de substituer l'arc de cercle surbaissé au plein cintre.

3° Que la diminution de l'angle hélicoïdal naturel aurait pour effet d'atténuer les dangers de la poussée au vide en soulageant les naissances et en reportant le principal effort de cette poussée sur la partie supérieure comprise au-dessus des joints de rupture, et notamment sur les reins de la voûte.

Or, les nombreuses observations recueillies dans la pratique ont constaté d'une manière irréfragable : d'une part, que la poussée intégrale, qui donne lieu à la poussée au vide dans les voûtes biaises, produit son plus grand effet aux joints de rupture, c'est-à-dire sur les points qui se trouvent, à 30° environ à partir des naissances dans le plein cintre, à 45° dans l'anse de panier surbaissée au tiers et à 55° dans l'anse de panier surbaissée au quart ; d'autre part, que cette poussée est beaucoup plus considérable dans les voûtes surbaissées que dans les pleins cintres. Aussi les constructeurs qui se sont livrés à l'étude de la solution du problème des voûtes biaises, ont-ils constamment cherché à obtenir, aux points de rupture et dans la partie supérieure de la voûte comprise entre ces points, des joints formant avec le plan de tête des angles aussi droits que possible, afin d'atténuer les conséquences qui peuvent résulter des efforts concentrés sur cette portion de voûte, la seule en effet qui dans les pleins cintres produise la poussée proprement dite et la seule aussi sur l'étendue de laquelle il soit utile de ramener la résultante des poussées dans une direction parallèle aux têtes.

L'appareil hélicoïdal, tel qu'il est employé, atteint ce but, et la diminution de l'angle hélicoïdal proposée par M. de la Gournerie aurait pour effet de rendre ce genre d'appareil impraticable en ouvrant, sans aucun avantage pour la solidité de la voûte, les angles des naissances où la poussée n'est nullement à craindre, et en amaigrissant, par des angles aigus, les voussoirs qui avoisinent l'angle de rupture ainsi que ceux de la partie supérieure de la voûte ; amaigrissement qui enlèverait à ces voussoirs la plus grande partie de la somme de résistance qui leur est indispensable.

Il n'est peut-être pas inopportun de citer l'opinion de quelques constructeurs sur tous ces faits.

On lit, dans le chapitre Iᵉʳ de la *Théorie des voûtes*, de Rondelet, où ce célèbre constructeur donne les résultats de ses calculs et de ses expériences :

« 10° Si l'on imagine que la largeur d'une demi-voûte diminue continuellement tandis que sa hauteur reste la même, la somme des efforts horizontaux diminuera en même raison ; en sorte que, si le point de naissance se confond avec le milieu du diamètre ou de la corde de la voûte, l'effort horizontal étant anéanti, il ne resterait plus que l'effort vertical qui agirait seul sur le pied-droit, et contribuerait à l'affermir et il n'y aurait pas de poussée, puisque ce ne serait plus une voûte, mais un simple pied-droit continué.

» 11° Si, au contraire, c'est la hauteur qui diminue tandis que la largeur reste la même, il arrivera à la fin que la courbe se confondra avec sa corde et la voûte deviendra un plancher ou voûte plate horizontale. Dans ce cas, les efforts verticaux qui affermissent le pied-droit étant anéantis, il ne restera plus à cette voûte pour se soutenir que les efforts horizontaux qui agiront seuls avec tout le poids de la voûte ; d'où il résulte que ces espèces de voûtes doivent être celles qui poussent le plus, et que les voûtes en berceau circulaire tiennent le milieu entre des voûtes qui n'auraient point de poussée et les voûtes plates dont la poussée serait infinie, si les pierres dont elles sont formées pouvaient glisser librement les unes sur les autres, et si les joints étaient perpendiculaires à leur surface inférieure, comme dans les autres voûtes.

» 18° Les voûtes surhaussées poussent moins que celles en plein-cintre de même diamètre, de même forme d'extrados et divisées de même. »

Les nombreuses expériences faites par Rondelet sur l'équilibre des voûtes, montrent en effet que, toutes choses égales d'ailleurs, les voûtes elliptiques surhaussées poussent moins que les voûtes en plein cintre, et que celles-ci poussent moins que les voûtes surbaissées.

Ainsi, une voûte circulaire en plein cintre de 0ᵐ,243 de diamètre ou d'ouverture, et de 0ᵐ,02 d'épaisseur, extradossée parallèlement, reposant sur des pieds-droits de 0ᵐ,27 de hauteur, ne s'est maintenue à l'état d'équilibre qu'en portant l'épaisseur des pieds-droits à 0ᵐ,048 ; et avec un cintre elliptique qui ne différait du précédent qu'en ce que la montée était de 0ᵐ,183 au lieu de 122 millimètres, l'équilibre de la nouvelle voûte a été obtenu avec des pieds-droits de 0ᵐ,038 d'épaisseur. Enfin une troisième voûte, de même ouverture que les précédentes et de 0ᵐ,079 de montée, n'a commencé à se soutenir que sur des pieds-droits de 0ᵐ,058 d'épaisseur.

Le rapport des épaisseurs des pieds-droits de ces diverses voûtes con sidérées deux à deux, est donc égal à $\dfrac{0^m,038}{0^m,048} = 0^m,79$, soit environ

$\dfrac{4}{5}$ pour la voûte surhaussée et le plein cintre ; à $\dfrac{0^m,048}{0^m,058} = 0^m,813$

soit environ $\dfrac{4}{5}$ pour cette dernière et la voûte surbaissée ; enfin à

$\dfrac{0^m,038}{0^m,058} = 0^m,644$, soit environ $\dfrac{3}{5}$ pour la voûte surhaussée et celle qui est surbaissée.

Ce sont là des résultats d'expérience qui concordent, d'ailleurs, assez bien avec les prévisions théoriques de Rondelet lui-même. D'après ses calculs, en effet, la voûte circulaire en plein cintre devait exiger pour l'état d'équilibre une épaisseur de pied-droit de $0^m,0454$; celle qui est surbaissée devait avoir des pieds-droits de $0^m,056$ au lieu de $0^m,058$; enfin cette épaisseur de pieds-droits se réduisait à $0^m,0377$ pour la voûte elliptique surhaussée.

Actuellement, nous ferons remarquer que, contrairement à l'opinion émise par M. de la Gournerie et sur laquelle sont fondées les diverses considérations dont il déduit la modification qu'il propose, nous pensons que l'intensité de la poussée n'est pas proportionnelle au cosinus de l'inclinaison de la surface de joint sur le plan de tête.

Sans entrer à cet égard dans une discussion théorique qui nous entraînerait trop loin, nous rappellerons que les nombreuses observations faites dans ces derniers temps sur les effets de la poussée au vide permettent de considérer la force dont il s'agit comme décroissante, depuis les joints de rupture jusqu'aux naissances.

Il n'y a donc pas à se préoccuper de l'obliquité des joints sur la tête ailleurs que dans l'angle de rupture, c'est-à-dire dans la partie supérieure de la voûte comprise entre les joints de rupture. S'il pouvait rester quelques doutes à cet égard, les faits suivants seraient de nature à les dissiper complétement.

M. l'ingénieur Graeff a fait récemment, à ce sujet, dans la construction de plusieurs ponts biais au canal de la Marne au Rhin et sur le chemin de fer de Paris à Strasbourg, de nombreuses observations qu'il a consignées dans un mémoire remarquable, publié dans les *Annales des ponts et chaussées*, et dont nous croyons devoir extraire les passages suivants :

« Dans sept arches en plein cintre biaises, appareillées en pierre de taille aux têtes, et en moellons d'appareil dans l'intérieur, que nous avons eu occasion de construire et dont l'ouverture a varié de 5 mètres à 8 mètres en section droite, et le biais de 70 à 55 degrés, nous n'avons remarqué aucun mouvement notable lors du décintrement ; *les joints aux environs du joint de rupture se sont constamment ouverts par le haut*, mais de quantités si minimes, qu'il n'en est jamais résulté un tassement total ou abaissement à la clef de plus de $0^m,01$.

6.

» L'influence du biais sur la valeur absolue du tassement paraît peu sensible, c'est-à-dire qu'à ouverture égale le tassement n'est guère plus fort pour un pont biais que pour un pont droit. Ainsi, nous avons construit sur la même rivière deux ponts en plein cintre avec les mêmes matériaux, la même ouverture (8 mètres) en section droite, le même système de fondation, le même système de cintres; enfin, dans des circonstances identiques. Seulement, l'un de ces ponts est droit; l'autre est biais à 70 degrés. Or, le pont droit a tassé de 0^m,006, et le pont biais de 0^m,007.

» Pour les arches biaises en plein cintre que nous avons construites, *l'effet de la poussée au vide a été tout à fait insensible*, quoique le biais de cinq de ces arches fût de 55 degrés : pour ces sortes de ponts, ce mouvement n'est donc pas très-redoutable. Il en est autrement pour les ponts en arcs de cercles surbaissés. Dans les ponts de cette espèce que nous avons eu à construire, la poussée au vide s'est constamment fait sentir dès que l'angle du biais était moindre que 70 degrés.

» M. de la Gournerie arrive, par la théorie, à une conclusion toute différente ; son analyse indique que l'on diminuerait la poussée au vide en surbaissant les ponts; si la pratique ne conduit pas à cette conclusion, cela tient à ce que l'enchevêtrement des voussoirs vers les naissances est beaucoup plus parfait dans un plein cintre que dans un pont surbaissé de même ouverture (et de même appareil), les surfaces des joints y ayant une courbure plus marquée; or, en pratique, c'est cet enchevêtrement plus ou moins parfait des voussoirs vers les naissances qui influe principalement sur les effets de la poussée au vide. »

Nous citerons encore les passages suivants extraits du chapitre V du même Mémoire, chapitre consacré à la recherche des limites d'emploi de chaque espèce d'appareil, et où l'opinion de l'auteur sur la poussée des naissances se trouve formulée d'une manière non moins explicite que dans les citations précédentes :

« D'après ce que nous avons dit sur les mouvements des voûtes biaises, *il est certain que le plein cintre doit toujours* être employé en première ligne, lorsqu'il est possible d'après les données de la question ; il est certain encore que l'anse de panier sera préférable à l'arc de cercle, et que cette dernière forme est celle pour laquelle le tassement et la poussée au vide atteignent leur plus grande valeur.

» Il ne faut pas s'exagérer outre mesure l'inconvénient des angles aigus dans de certaines limites, et l'essentiel est que les angles des lignes d'assises soient à peu près droits dans les parties de la voûte qui ont le plus à souffrir, c'est-à-dire vers les joints de rupture. Au-dessus de ces joints, et surtout au-dessous, les mouvements sont peu à craindre, et dès lors il devient moins important d'y avoir des angles droits. »

Ces citations n'ont pas besoin de commentaires ; nous ferons seulement remarquer que, contrairement à l'opinion de l'auteur, nous pensons que les angles des joints de la partie supérieure de la voûte au dessus des joints de rupture doivent être aussi droits que possible ; nous en avons donné les raisons ci-dessus, et il nous paraît incontestable en effet que dans cette partie de la voûte, la seule dont l'action soit de quelque importance dans la poussée, la surface des pressions maxima s'éloignera d'autant plus du parallélisme du plan de tête que l'obliquité des surfaces de joints sur le plan de tête sera plus grande, et par suite on s'écartera d'autant plus des conditions de stabilité que l'on doit rechercher dans les voûtes biaises.

Nous ajouterons que l'enchevêtrement des voussoirs de naissances dans les pleins cintres, dû à la courbure des surfaces de joints, et que M. Graeff signale comme influant principalement sur les effets de la poussée au vide, n'exerce qu'une influence tout à fait secondaire. On peut en effet ramener les premiers voussoirs de naissance d'un plein cintre à l'appareil droit, et substituer aux surfaces gauches de joints des surfaces planes, sans craindre d'augmenter sensiblement l'effet de cette poussée. Ce fait, que M. Graeff lui-même semble reconnaître dans le dernier paragraphe des citations ci-dessus, a pour lui la sanction de l'expérience, et nous verrons plus loin qu'il a servi de base à une heureuse modification qu'un constructeur habile a cru devoir apporter à l'appareil hélicoïdal.

Pour clore nos réflexions sur la modification proposée par M. de la Gournerie, nous dirons qu'il ressort clairement des développemens ci-dessus que cette disposition peut offrir des résultats avantageux dans son application aux voûtes surbaissées, où la position des joints de rupture est telle que la poussée au vide exerce principalement son effort vers les naissances ; parce qu'alors il peut être utile d'opérer une répartition plus convenable de cette poussée entre la clef et les naissances, de manière à en diminuer la force sur ces derniers points ; mais qu'elle ne pourrait avoir qu'une influence fâcheuse sur la stabilité des voûtes en plein cintre, où les effets de cette poussée ne sont redoutables que sur les points où la modification proposée par M. de la Gournerie a pour objet de la concentrer, et où l'on a seulement à craindre vers les naissances, pendant la pose, des glissements tout à fait indépendants de la poussée au vide et d'ailleurs faciles à éviter.

Les mouvements observés dans les ponts surbaissés très-biais se manifestent avec plus ou moins d'intensité selon les circonstances particulières dépendantes de la construction même ; mais ils présentent presque toujours les caractères suivants :

Les premiers mouvements se manifestent pendant la construction sur les cintres ; indépendamment de la contraction que ces derniers éprouvent ordinairement par suite de la compression des bois, la poussée au vide leur imprime un mouvement de torsion que l'on ne peut pas toujours arrêter complétement, et qui a pour effet de les pousser en dehors du côté de l'angle obtus. Le même effort agissant sur les voussoirs, ceux du côté de l'angle obtus tendent à se jeter en dehors du plan de tête, en faisant en même temps sur eux-mêmes un mouvement de rotation qui a lieu de haut en bas, et en sens inverse du côté des angles aigus. Ce dernier, beaucoup moins sensible que celui que nous signalons dans les angles obtus, n'est d'ailleurs nullement à craindre à cause de la résistance qu'il rencontre à l'intérieur des maçonneries. Le mouvement qui se produit dans les angles obtus est au contraire très-redoutable et peut être funeste à la construction. On ne saurait donc prendre trop de précautions pour paralyser ces efforts ou, tout au moins, en atténuer les effets.

Nous devons indiquer ici les moyens qui ont été généralement employés dans ce but.

On prévient les effets de la compression des bois dans les cintres en surhaussant la surface cylindrique de pose, comme dans les ponts droits, d'une quantité que la pratique fait assez exactement apprécier et qui varie entre 0^m,02 et 0^m,08 en raison de la longueur de la corde qui sous-tend l'arc de tête, et aussi en chargeant le cintre à son sommet avec les matériaux destinés à la construction de la voûte.

Quant au déversement des têtes vers les angles obtus, produit par le mouvement de torsion que nous avons signalé, il ne suffit pas toujours pour l'éviter de relier les cintres par de fortes moises soigneusement assemblées; il faut quelquefois étançonner les cintres en dehors par de fortes pièces de bois inclinées et solidement fixées sur le sol. On empêche le déversement des voussoirs de l'angle obtus, quand la nature de la construction peut le faire craindre, et surtout les mouvements de rotation qui se produisent sur les joints, et qui tendent à faire ouvrir ou resserrer ces derniers, en reliant deux à deux les quatre ou cinq premiers voussoirs par des crampons en fer, scellés dans leur extrados. On a soin d'ailleurs, dans les voûtes surbaissées en arc de cercle, de faire d'un seul bloc les deux ou trois premiers voussoirs du côté de l'angle obtus, afin que ces pierres ne soient pas réduites à de trop faibles dimensions de queue, ni terminées en pointe dans l'intérieur de la voûte.

M. Graeff, dans la construction du viaduc de la Walck, a cru devoir employer un système d'amarre qui, en reliant les quatre premiers voussoirs de chaque tête vers l'angle obtus à des points fixes pris sur l'autre tête, rendait le déversement à peu près impossible.

Ce système se compose de deux tirants s'amarrant à une barre transversale qui passe dans des anneaux scellés dans les faces postérieures des voussoirs. Ces tirants traversent la maçonnerie de la voûte, en se dirigeant sur la tête opposée perpendiculairement aux plans de têtes, et reçoivent ensuite à leurs extrémités taraudées des plaques en fonte et des écrous qui servent à les fixer, en les serrant sur le mur en retour de cette tête. Nous devons ajouter que cette précaution exceptionnelle a été motivée par la crainte de la forte poussée qui devait nécessairement résulter de la hardiesse de la construction. Ce viaduc a en effet un angle d'obliquité de 46 degrés, des largeurs de 9 mètres et de 12^m,51 entre les pieds-droits, et 1^m,80 de flèche. Un système d'amarre à peu près semblable a été également employé avec succès par M. Saige, ingénieur des ponts et chaussées, dans la construction du viaduc de Creil, sur le chemin de fer du Nord.

En substituant aux plans de joints transversaux parallèles aux plans de têtes des surfaces gauches formées des normales successives de la douelle, le long des hélices transversales, nous avons fait disparaître l'inconvénient des angles aigus dans la construction de la douelle; il n'est pas moins important d'obtenir un résultat analogue pour les angles de douelle des voussoirs de têtes, et pour ceux des pieds-droits; car il arriverait dans les voûtes d'une grande obliquité, où ces angles sont évidemment très - aigus, qu'il serait à peine possible de les conserver à vives arêtes, même pendant le temps de l'exécution des travaux, à cause du peu de résistance qu'en raison de leur acuité ces angles peuvent opposer aux chocs de toute nature.

Pour obvier à cet inconvénient, plusieurs moyens se présentent; et entre tous, celui qui est indiqué par M. Buck, et qui détermine un évasement auquel on donne le nom de gueule de cloche, paraît devoir être préféré lorsqu'il s'agit de voûtes de grandes dimensions. Le principe théorique de l'évasement en gueule de cloche repose tout entier sur la pénétration d'un cône et d'un cylindre.

Considérons une voûte elliptique $PP'Eh_1$, fig. 33, dont la section de tête est rabattue autour de sa trace horizontale Eh_1; supposons que Ey soit la première division des voussoirs de tête du côté de l'angle aigu, et que les lignes ZE, $Z'y$ représentent les lignes de joints de douelles rabattues, qui ont leur origine aux points E et y;

Décrivons à une certaine distance de l'angle E un arc de cercle ZZ_1 concentrique à l'arc de tête, et portons sur cet arc la distance ZZ_1 égale à ZZ'; la ligne Z_1a_1 menée du point Z_1, parallèlement au joint ZE, déterminera sur le plan de tête, à la hauteur des naissances, un point a_1 qui sera la projection d'un point de la ligne des naissances suivant lequel devra s'opérer l'abatage de l'angle aigu de la voûte et du pied-droit. Si par ce point nous faisons passer un plan vertical perpendiculaire au plan de tête, et prolongé jusqu'à la ligne des naissances h_1P en un point S de cette ligne, la section d'abatage sur toute la hauteur du pied-droit sera représentée par le triangle aEa_1, rectangle en a_1. La partie à enlever sur la tête sera déterminée par l'intersection du plan de tête et de la surface conique dont les génératrices ont leur origine au point S, et s'appuient constamment sur la section de douelle identique à la tête, qui se projette horizontalement en ah. Cette intersection sera une courbe $a_1 0135 h_1$ de même nature que la directrice; elle se rapprochera d'autant plus de la courbe primitive de la tête, que le point que l'on considérera sera moins éloigné de l'angle obtus h_1 du pied-droit, où ces deux courbes se confondent.

Le volume retranché de chaque voussoir et compris entre le plan de tête, le cône et la douelle du voussoir, aura toujours la même dimension Md suivant les génératrices du cylindre.

L'on remarquera que les données qui déterminent cet abatage ne sont pas prises arbitrairement, mais qu'elles sont subordonnées à la condition de rendre l'aspect de la voûte tel, que la nouvelle tête paraisse avoir un voussoir de plus.

La courbe de la gueule de cloche sur le plan de tête sera déterminée graphiquement par le demi-cercle décrit avec un rayon égal à $\dfrac{a_1 h_1}{2}$; on obtiendra ensuite très-facilement sur chaque normale de joint la quantité à retrancher. Dans le cas où l'arc de tête serait elliptique, la gueule de cloche déterminerait sur le plan de tête une nouvelle courbe elliptique plus grande que la première, et que l'on tracerait en projetant verticalement en 0, 2, 3, 4, 5, 6, les divers points s_1, b_1, c_1, d_1, e_1, f_1, g_1, où les génératrices du cône rencontrent le plan de tête.

On voit que, par cette disposition, on fait disparaître des pieds-droits et des têtes de la voûte tous les angles aigus, et, par suite, les inconvénients qui en sont la conséquence; mais ce procédé paraît donner un abatage trop fort, et n'être applicable qu'à des voûtes de grandes dimensions. On peut se rendre compte de l'exactitude de cette assertion en calculant le volume de pierre en abatage.

A cet effet, en remarque que les plans verticaux parallèles, dont les traces horizontales sont $a_1 h_1$ et ah, interceptent à la fois un cylindre oblique, à bases circulaires, qui se projette horizontalement en $aEh_1 h$, et un tronc de cône, également à bases circulaires, dont $aa_1 h_1 h$ représente la projection horizontale.

Le volume du cylindre étant retranché de celui du tronc de cône, qui forme l'évasement, on obtiendra évidemment le cube d'abatage de la gueule de cloche.

Un autre procédé souvent employé, et qui donne une voussure à laquelle on a donné le nom d'évasement en corne de vache, à cause de son analogie avec la forme des voûtes en corne de vache, consiste à abattre l'angle aigu des culées par un plan vertical perpendiculaire aux têtes, et celui de l'intrados de la voûte par un cylindre dont la directrice soit une courbe de même nature et de même montée que la courbe primitive, mais dont la corde qui se projette en aM, *fig.* 33, aboutisse au sommet de la nouvelle arête de la culée.

Le cube de l'abatage dans l'évasement en corne de vache, peut être évalué en prenant la différence des volumes de deux prismes tronqués à bases curvilignes; le premier a pour base les sections verticales qui se projettent horizontalement en $a_1 M$ et aM; le second, les sections qui ont leur trace horizontale en EM et aM.

Chacun de ces prismes tronqués aura pour mesure le produit de la base inférieure, multipliée par la distance du centre de gravité de sa base supérieure à la base inférieure.

Ce genre d'évasement présente des avantages incontestables sous le rapport de l'économie : il est d'ailleurs applicable aux voûtes de toutes dimensions ; mais il n'offre pas un aspect aussi élégant que l'évasement en gueule de cloche.

Lorsque la surface de la voussure est engendrée par une ligne droite qui se meut horizontalement en s'appuyant constamment sur la courbe de tête et sur la courbe qui limite la voussure à l'intérieur de la voûte, on peut lui substituer une surface qui s'obtient d'une manière assez simple en pratique, en divisant les arcs extrêmes de la voussure sur chaque voussoir pris isolément en un même nombre de parties égales et en joignant les points de division par des lignes droites qui sont autant de génératrices de la surface de la voussure.

Beaucoup de constructeurs remplacent ces évasements par un simple pan coupé de quelques centimètres le long des pieds-droits, et prolongé sur toute l'étendue de l'arc de tête ; quelques-uns se contentent d'arrondir légèrement les arêtes des angles aigus.

Dans plusieurs voûtes biaises exécutées sur le chemin de fer de Strasbourg, on a employé le procédé suivant, indiqué à l'une des extrémités de la *fig.* 33 :

La ligne CO est la trace, sur le plan horizontal des naissances, d'un plan perpendiculaire à la bissectrice AB de l'angle aigu P du pied-droit ; la distance Pc est fixée arbitrairement (de $0^m,02$ à $0^m,06$ environ) et le point O est la rencontre de la trace CO avec l'axe MN de la voûte.

L'abatage des arêtes de la voûte a lieu suivant les génératrices d'un cône dont le sommet est situé sur le plan des naissances en O et dont la base est un arc concentrique à celui des têtes, dans le même plan, et décrit avec un rayon égal à NC. La largeur IP′ est donc égale à PC et l'abatage des angles aigus des pieds-droits s'opère suivant les plans verticaux dont les traces horizontales sont OC et OI.

Cette disposition, que l'on peut considérer comme la plus économique, présente à l'œil une double voussure dont l'aspect est assez gracieux ; mais elle n'est applicable que dans les voûtes dont le biais est peu prononcé et dont les dimensions ne s'écartent pas trop des limites des petites voûtes ordinaires.

Plusieurs constructeurs, justement préoccupés des difficultés d'exécution ou des défauts inhérents à la plupart des systèmes de construction propres à combattre l'effet de la poussée au vide dans les voûtes biaises, ont recherché les modifications que l'on pourrait faire subir à l'appareil biais en général pour le ramener le plus possible dans les conditions de l'appareil droit.

Pour atteindre ce but, M. l'ingénieur L'Éveillé, que nous avons déjà eu occasion de citer, et qui a fait au chemin de Strasbourg, sous la direction de M. de Sermet, ingénieur en chef alors, de nombreuses et heureuses applications des divers systèmes connus, a cru devoir employer plusieurs procédés que nous allons décrire et quel'expérience a consacrés.

Dans ce qui précède, nous avons admis comme un fait irrécusable en pratique, que, dans les voûtes en plein cintre, la partie comprise au-dessous de chaque joint de rupture n'exerce qu'un effort vertical dont l'action sur la poussée au vide est peu sensible et tend au contraire à accroître la résistance du pied-droit en augmentant sa masse. Il en résulte qu'en toutes circonstances cette portion de voûte peut, sans inconvénient, être construite suivant l'appareil ordinaire des voûtes droites, et que la partie comprise au-dessus des joints de rupture a seule besoin d'être appareillée suivant un système particulier, ayant pour effet de répartir la poussée tangentielle aux surfaces du lit. On peut donc considérer une arche en plein cintre comme une voûte en arc de cercle ayant pour naissances les joints de rupture, et reposant sur deux pieds-droits non verticaux, élégis dans les angles de rupture suivant la courbure de l'arche.

Cette solution fait disparaître, comme on le voit, l'inclinaison des lignes de joints qui avoisinent les naissances dans la voûte hélicoïdale, et par suite le seul défaut que l'on reproche à ce genre d'appareil. De plus, comme sur une certaine étendue de chaque côté du sommet de la voûte la transformée de la courbe de tête dans le développement de la douelle se rapproche beaucoup de sa corde, il s'ensuit que les hélices de joints se confondent sensiblement avec les trajectoires orthogonales partant des mêmes points de la tête et que, par suite, les surfaces de joints sont sensiblement perpendiculaires aux têtes de la voûte.

Les avantages qui découlent de ces considérations et du système d'appareil auquel elles ont servi de base sont tellement palpables, que l'on pouvait avec certitude s'attendre à les voir confirmer par l'expérience. Il résulte en effet de l'application qui a été faite de ce mode d'appareil, par M. L'Éveillé, au pont de Gournay, qu'aucun mouvement sensible ne s'est produit au décintrement. Ce pont est en plein cintre; son ouverture droite est de 7^m,40 et son obliquité de 50 degrés. L'appareil droit a été appliqué dans l'angle de 33 degrés depuis les naissances jusqu'aux joints de rupture. La partie supérieure au-dessus de ces joints a été appareillée suivant le système hélicoïdal.

On a encore cherché à éviter les difficultés que présentent les appareils biais en rachetant le biais aux extrémités de l'arche par des plans menés suivant les arêtes des angles obtus perpendiculairement à l'axe de la voûte. Ces deux plans deviennent alors les surfaces de têtes d'un nouveau pont droit que l'on substitue au pont biais.

Ce procédé a l'avantage, en effet, de faire disparaître les difficultés que l'on redoute dans l'appareil biais; mais il rend très-difficile le raccordement des têtes de la voûte avec les abords. Il a, en outre, l'inconvénient d'augmenter dans une proportion notable le cube des maçonneries, puisque l'on ajoute au pont primitif l'équivalent d'un pont dont la longueur est égale à $l\cot\theta$, en appelant l la largeur du cylindre de douelle et θ l'angle d'obliquité de la voûte.

Ce genre de construction, exécuté notamment sur le chemin de fer d'Orléans, a été également appliqué, avec quelques modifications toutefois, à l'un des grands viaducs qui avoisinent la gare du chemin de fer de l'Est. Dans cette construction, au lieu de mener les plans verticaux de rectification des têtes par les angles obtus des piédroits, on les a fait passer par l'axe vertical des têtes obliques. Par ce moyen, les plans de rectification déterminent entre eux un pont droit que l'on appareille suivant le mode ordinaire, et il ne reste à appareiller, suivant un système particulier, que les deux parties triangulaires qui sont en dehors de l'arche droite et qui appartiennent au pont primitif.

Cette disposition réduit des trois quarts l'excédant du cube des maçonneries qu'occasionne le procédé ci-dessus. Chaque tête forme, il est vrai, un angle dièdre rentrant d'un aspect assez choquant dans certains cas ; mais le défaut de cette irrégularité cesse d'exister lorsque les têtes, au lieu de se terminer brusquement, doivent être reliées à des murs en aile ou en prolongement, car alors la partie biaise de chaque tête se raccorde assez bien avec ces murs.

Une autre modification, qui est principalement applicable aux voûtes dont la longueur est très-grande par rapport à l'ouverture, a encore été proposée par M. L'Éveillé. Elle consiste à faire choix d'une section droite à une certaine distance de chaque tête, et à placer, suivant ces sections droites, des chaînes en pierres de taille destinées à recevoir, d'un côté, les joints droits de l'intérieur de la voûte, et de l'autre, les joints hélicoïdaux partant des têtes. (Voir *fig.* 54.)

Les sections droites de raccordement peuvent être remplacées par des sections hélicoïdales (voir *fig.* 55), qui divisent alors la voûte totale en trois voûtes biaises. La voûte du milieu est construite suivant l'appareil ordinaire des voûtes droites, tandis que les extrémités sont appareillées d'après l'un des systèmes applicables aux voûtes biaises.

La forme et la position des chaînes hélicoïdales doivent être telles que le raccordement des joints des trois voûtes biaises accolées s'opère dans de bonnes conditions. Les ponts des rues de la Chapelle et de Lafayette (boulevard extérieur), sur le chemin de fer de l'Est, ont été appareillés suivant ces dispositions.

CHAPITRE V.

Applications numériques relatives à l'appareil héliçoïdal elliptique.

Nous croyons inutile de rappeler ici la série des opérations à l'aide desquelles on arrive à déterminer le développement du cylindre de douelle sur le plan horizontal des naissances, autour de la génératrice de naissance qui correspond à l'angle aigu du piédroit. Nous ferons seulement remarquer que ce développement doit s'opérer exactement comme nous l'avons montré, quelle que soit d'ailleurs la mesure ou valeur angulaire de l'arc de tête.

Pour l'intelligence des résultats théoriques que nous avons obtenus, il nous reste à déterminer successivement la valeur numérique de tous les éléments nécessaires pour le dessin des épures d'appareil, et pour le tracé de ces épures sur le terrain. Nous donnerons ces calculs pour trois voûtes de dimensions et d'obliquités différentes.

PREMIÈRE APPLICATION.

Guichet de 2 mètres d'ouverture en plein cintre.

(Voir *figures* 10 et 36.)

Largeur du cylindre elliptique. . . . . $l = 2^m00$;

Angle du biais . . . . $\theta = 54° 50'$;

Longueur entre les plans de têtes . . . . $L = 7^m40$;

Hauteur des piédroits . . . . $= 2^m47$;

Épaisseur des id. $\begin{cases} \text{section droite.} \ldots\ldots\ldots = 1^m20 ; \\ \text{section oblique} = \dfrac{1.20}{\sin\theta} = \dfrac{1.20}{0.8141}. \quad = 1^m48 ; \end{cases}$

Épaisseur de la voûte $\begin{cases} \text{aux naissances.} \ldots\ldots\ldots = \begin{cases} 1^m20 ; \\ 1^m48 ; \end{cases} \\ \text{à la clef.} \ldots\ldots\ldots\ldots = 0^m50 ; \end{cases}$

Rayon ou demi-corde de l'arc de tête :

$$R = \frac{l}{2\,\sin\theta} = \frac{2.00}{2\,\sin\,54°50} = \frac{2.00}{1.6282} \cdot\cdot \quad = 1^m228 ;$$

$$\text{Longueur des piédroits } L' = \frac{L}{\sin\theta} = \frac{7.40}{\sin\,54°\,50'} = \frac{7.40}{0.8141} = 9^m09 ;$$

Obliquité de la voûte $Z = l\,\cot g\,\theta = 2 \times 0.71529 = 1^m427$;

Développement de l'arc de tête $D' = \pi R = 3.1416 \times 1^m228 = 5^m86$;

Pour calculer le développement de l'arc elliptique de section droite, on se sert de l'équation (9) de rectification de l'ellipse :

$$\frac{D}{R} = \pi \left\{ 1 - \frac{c^2}{4} - \frac{3\,c^4}{64} \ldots \ldots \right\}$$

Mais de ce que dans les voûtes biaises à têtes circulaires l'excentricité de l'ellipse de section droite est égale au cosinus de l'angle du biais, comme nous l'avons démontré, la formule (9) prendra la forme :

$$\frac{D}{R} = \pi \left\{ 1 - \frac{\cos^2 \theta}{4} - \frac{3 \cos^4 \theta}{64} \ldots \ldots \right\}$$

D'où

$$\frac{D}{R} = 3.1416 \left\{ 1 - \frac{\overline{0.5807}^2}{4} - \frac{3 \times \overline{0.5807}^2}{64} \ldots \right\} =$$

$$= 3.1416 \left\{ 1 - 0.0843 - 0.0053 \ldots \right\} = 3.1416 \times 0.9104 = 2.8602$$

et, par suite :

$$D = R \times 2.86 = 1.228 \times 2.86 = 3^m512 ;$$

Les quantités $\dfrac{\cos^2 \theta}{4}$ et $\dfrac{3 \cos^4}{64}$ peuvent se déterminer par la formule de Moivre, qui donne :

$$\cos^2 \theta = \frac{1 + \cos^2 \theta}{2} ;$$

$$\cos^4 \theta = \frac{1}{8} \left(3 + 4 \cos 2\,\theta + \cos 4\,\theta \right).$$

Pour avoir la valeur de l'angle hélicoïdal, on prendra la formule (d) qui donne :

$$\tan g\, \varphi = \frac{l \cot g\, \theta}{D} = \frac{2 \times 0.71329}{3.512} = 0.4062 = \tan g\ 22°6',49'' ;$$

La corde CD' de la sinusoïde est égale à $\dfrac{D}{\cos \varphi}$ formule (e), d'où, par la substitution des valeurs de D et de $\cos \varphi$:

$$CD' = \frac{D}{\cos \varphi} = \frac{3.512}{0.9264} = 3.791.$$

Du triangle B'S''D' on déduit :

$$D'S'' = AS' = BD \sin \varphi = \frac{L \sin \varphi}{\sin \theta} = \frac{7.40 \times 0.3764}{0.8141} = 3^m451$$

et, par suite, la valeur de la retombée CS'' :

$$CS'' = B'S' = CD' - D'S'' = \frac{D}{\cos \varphi} - \frac{L \sin \varphi}{\sin \theta} = 3.791 - 3.451 = 0.36$$

Nous avons dit qu'en pratique, la longueur de cette retombée diffère peu de la portion de sinusoïde interceptée entre l'hélice d'angle et la naissance, sur la tête opposée. En adoptant donc 0^m56 pour la largeur du coussinet de chacun des angles aigus, nous aurons à diviser l'arc de tête, abstraction faite de la largeur du coussinet, en voussoirs d'une largeur à peu près égale à celle de ces coussinets. Cette dernière condition étant la seule à laquelle soit subordonné le nombre des voussoirs, on voit qu'il reste encore pour fixer l'appareil des têtes, une certaine latitude qui n'a pour règle, comme dans les ponts droits, que l'harmonie qui doit exister dans l'ensemble.

On a cru devoir porter à 0^m56 la largeur des quatre coussinets d'angles et à 0^m54 celle de la clef. Le développement de l'arc de tête étant de 5^m86, il reste entre la clef et chacun des coussinets de naissances un arc de 1^m40 de développement qui forme 4 voussoirs de chacun 0^m55 de largeur ; les deux têtes se trouvent ainsi exactement symétriques et composées chacune de 11 voussoirs de largeur à peu près uniforme.

Les assises de voussoirs sont subdivisées en dehors des têtes, chacune en deux assises de moellons piqués qui doivent reposer le long des naissances sur autant de crossettes en pierre de taille ayant la forme que nous avons indiquée.

Chaque crossette ayant pour largeur celle de l'assise qu'elle reçoit , si nous désignons par l cette largeur, que l'on peut sans erreur sensible mesurer sur l'arc de tête, et par P et A les longueurs de la crossette suivant le piédroit et suivant l'hélice de joint, ces longueurs auront pour expression :

$$P = \frac{l}{\sin \varphi} \quad \text{et} \quad A = l \, \cot g \, \varphi$$

φ désignant toujours l'angle hélicoïdal.

On aura donc pour les assises de 0^m175

$$P = \frac{0.175}{0.5764} = 0.464 ; \quad \text{et} \quad A = 0.175 \times 2.4624 = 0.432 ;$$

Pour déterminer les coordonnées de la sinusoïde de développement de l'arc de tête, nous prendrons pour axe des abscisses la section droite développée qui passe par le sommet de la tête de la voûte, et qui divise la sinusoïde en deux parties égales et inversement symétriques , et pour origine des coordonnées le point commun à cette section droite, à la sinusoïde et à sa corde.

Si l'on se propose d'obtenir, en même temps que le tracé de la sinusoïde, la division exacte des cours de voussoirs sur la surface de développement de la douelle, il suffira de prendre pour abscisses les transformées des arcs elliptiques correspondant aux arcs de division des voussoirs de têtes, à partir du sommet de la voûte.

Les abscisses seront déterminées par l'équation :

$$x = a \left\{ \alpha - \left(2\alpha + \sin 2\alpha \right) \frac{\cos^2 \theta}{8} \right\}$$

qui se déduit de l'équation (15) de la rectification de l'ellipse, et dans laquelle a désigne le rayon de l'arc de tête ; θ l'angle du biais de la voûte, et α la valeur linéaire de l'arc circulaire que l'on considère, dans l'hypothèse $a = 1$.

En désignant par D_1, D_2, D_3 .... etc., les arcs qui représentent sur la tête les largeurs cumulées des voussoirs, en partant du sommet de la voûte, on aura :

$$D_1 = \text{la larg. de la 1/2 clef} = 0^m 17$$
$$D_2 = \quad 0.17 \quad + \quad 0.35 \quad = 0^m 52$$
$$D_3 = \quad 0.52 \quad + \quad 0.35 \quad = 0^m 87$$
$$D_4 = \quad 0.87 \quad + \quad 0.35 \quad = 1^m 22$$
$$D_5 = \quad 1.22 \quad + \quad 0.35 \quad = 1^m 57$$

et de ce que $\alpha = \dfrac{D}{a}$, il viendra pour les diverses valeurs rectilignes de α_1, α_2, α_3, etc. :

Pour le 1er arc D_1 $\qquad \alpha_1 = \dfrac{D_1}{a} = \dfrac{0.17}{1.228} = 0.138$;

Id. 2ª id. D_2 $\qquad \alpha_2 = \dfrac{D_2}{a} = \dfrac{0.52}{1.228} = 0.423$;

Id. 3ᵉ id. D_3 $\qquad \alpha_3 = \dfrac{D_3}{a} = \dfrac{0.87}{1.228} = 0.708$;

Id. 4ᵉ id. D_4 $\qquad \alpha_4 = \dfrac{D_4}{a} = \dfrac{1.22}{1.228} = 0.993$;

Id. 5ᵉ id. D_5 $\qquad \alpha_5 = \dfrac{D_5}{a} = \dfrac{1.57}{1.228} = 1.278$.

La valeur angulaire de chacun de ces arcs sera déterminée par la formule générale :

$$\alpha = D \, \frac{648000''}{\pi \, a} = D \, \frac{648000''}{(3.1416 \times 1.228 = 3.86)} = D \times 167875'',69$$

qui donnera successivement :

$$\alpha_1 = D_1 \times 167875.69 = 0.17 \times 167875.69 = 7°, 55', 59'' ;$$
$$\alpha_2 = D_2 \times 167875.69 = 0.52 \times 167875.69 = 24°, 14', 55'' ;$$
$$\alpha_3 = D_3 \times 167875.69 = 0.87 \times 167875.69 = 40°, 54', 12'' ;$$
$$\alpha_4 = D_4 \times 167875.69 = 1.22 \times 167875.69 = 56°, 55', 28'' ;$$
$$\alpha_5 = D_5 \times 167875.69 = 1.57 \times 167875.69 = 75°, 12', 45''.$$

En substituant à α ses différentes valeurs, dans l'équation ci-dessus qui donne l'expression de l'abscisse, et en désignant par x_1, x_2, x_3, ... etc., les abscisses successives correspondant aux points de division des voussoirs sur la sinusoïde, il viendra :

$$x_1 = 1.228 \left\{ 0.1584 - \left(1.2768 + 0.2732 \right) 0.04215 = 1.228 \left\{ 0.138 - 0.023 \right\} = 0.144 \right. ;$$

$$x_2 = 1.228 \left\{ 0.4234 - \left(0.8468 + 0.7489 \right) 0.04215 = 1.228 \left\{ 0.423 - 0.067 \right\} = 0.457 \right. ;$$

$$x_3 = 1.228 \left\{ 0.7084 - \left(1.4168 + 0.98816 \right) 0.04215 = 1.228 \left\{ 0.708 - 0.104 \right\} = 0.745 \right. ;$$

$$x = 1.228 \left\{ 0.9955 - \left(1.987 + 0.9151 \right) 0.04215 = 1.228 \left\{ 0.995 - 0.122 \right\} = 1.069 \right. ;$$

$$x_5 = 1.228 \left\{ 1.2785 - \left(2.557 + 0.5530 \right) 0.04215 = 1.228 \left\{ 1.278 - 0.131 \right\} = 1.408 \right. ;$$

Les ordonnées y_1, y_2, y_3 .... etc., correspondant aux abscisses x_1, x_2, x_3 .... etc., seront déterminées par l'équation générale :

$$y = a . \cos \vartheta . \sin \alpha$$

dans laquelle il suffit d'introduire les valeurs de a, de $\cos \vartheta$, et de $\sin \alpha$; cette équation deviendra pour chaque ordonnée :

$$y_1 = (1.228 \times 0.5807) \, 0.1579 = 0.715 \times 0.1579 = 0.098$$
$$y_2 = \ldots \ldots \ldots \ldots \ldots \, 0.715 \times 0.4107 = 0.293$$
$$y_3 = \ldots \ldots \ldots \ldots \ldots \, 0.715 \times 0.6504 = 0.464$$
$$y_4 = \ldots \ldots \ldots \ldots \ldots \, 0.715 \times 0.8376 = 0.597$$
$$y_5 = \ldots \ldots \ldots \ldots \ldots \, 0.715 \times 0.9574 = 0.685$$

A l'aide de ces coordonnées, on pourra tracer rigoureusement la moitié de la sinusoïde de développement de l'arc de tête, ainsi que les joints de douelle dont elle est l'origine. L'autre moitié de la sinusoïde étant identique et inversement symétrique à la première, il sera facile de la déterminer de la même manière et avec les mêmes éléments. Quant à la sinusoïde qui limite intérieurement la douelle des voussoirs de tête, elle sera déterminée plus simplement en portant, suivant des lignes parallèles aux naissances, et à partir de la courbe de tête, une quantité constante (0.50) égale à la queue ou longueur de douelle des voussoirs de tête, mesurée suivant les génératrices du cylindre de douelle.

L'on aura alors le développement de la surface de douelle de chaque tête, ainsi que les hélices de joints qui limitent longitudinalement ces voussoirs, et conséquemment tous les éléments nécessaires pour pouvoir tracer avec précision et découper ensuite le panneau de douelle de chaque voussoir de tête.

Nous croyons devoir rappeler ici qu'il n'est pas indispensable de déterminer analytiquement les divers éléments de la sinusoïde et de la douelle de tête pour pouvoir en faire le tracé, et que l'on peut presque toujours obtenir une précision suffisante dans la pratique par les moyens graphiques que nous avons indiqués.

Toutefois, comme il est intéressant de pouvoir reconnaître par la vérification le degré d'exactitude du tracé de l'épure en grand sur le terrain, et qu'il peut arriver aussi, comme nous l'avons déjà fait remarquer, que l'on n'ait pas à sa disposition, à proximité du chantier, une aire d'une grandeur suffisante pour contenir toutes les lignes d'opération de ce tracé, on peut en conclure qu'il est utile le plus souvent d'avoir recours au calcul.

Il n'en est pas de même des divers angles dont la connaissance est plus ou moins utile à l'appareilleur.

Pour ces angles, en effet, les moyens graphiques sont suffisants pour obtenir une détermination rigoureuse ; les diverses formules auxquelles nous sommes arrivé par la considération de ces angles , et qui donnent l'expression de leur valeur, sont d'ailleurs trop simples dans leur application pour qu'il soit nécessaire d'en faciliter l'intelligence par des exemples numériques.

DEUXIÈME APPLICATION.

Voûte en plein cintre de 4 mètres d'ouverture.

Largeur du cylindre elliptique. . . . . $l = $ 4^{m}00 ;

Angle du biais. . . . . $\theta = $ 50° 00 ;

Longueur entre les plans de têtes. . . . . L = 20^{m}54 ;

Hauteur des piédroits . . . . = 2^{m}74 ;

Épaisseur des id. $\begin{cases} \text{section droite.} \dots \dots \dots = 2^{\mathrm{m}}10 \ ; \\ \text{section oblique} = \dfrac{2.10}{\sin \theta} \dots = 2^{\mathrm{m}}464 \ ; \end{cases}$

Épaisseur de la voûte $\begin{cases} \text{aux naissances.} \dots \dots = \begin{cases} 2^{\mathrm{m}}10 \ ; \\ 2^{\mathrm{m}}464 \ ; \end{cases} \\ \text{à la clef} \dots \dots \dots = 0^{\mathrm{m}}70 \ ; \end{cases}$

Rayon ou demi-corde de l'arc de tête :

$$R = \frac{l}{2 \sin \theta} = \frac{4.00}{1.7143} \cdot \ \dots \ = 2^{\mathrm{m}}335 \ ;$$

Obliquité de la voûte $Z = l \, \mathrm{cotg} \, \theta = 4 \times 0.6008. \ . \quad = 2^{\mathrm{m}}403 \ ;$

Longueur des piédroits $L' = \dfrac{L}{\sin \theta} = \dfrac{20.54}{0.8572} \cdot \ \dots \ = 23^{\mathrm{m}}96 \ ;$

Développement de l'arc de tête $D' = \pi R = 3.1416 \times 2.335 = 7^{\mathrm{m}}35 \ ;$

Développement de l'arc elliptique de section droite :

$$\frac{D}{R} = \pi \left\{ 1 - \frac{c^2}{4} - \frac{5\,c^4}{64} \dots \dots \right\} = \pi \left\{ 1 - \frac{\cos^2 \theta}{4} - \frac{5 \cos^4 \theta}{64} \dots \right\} =$$

$$= 3.1416 \left\{ 1 = \frac{\overline{0.51504}^2}{4} - \frac{3 \times \overline{0.51504}^4}{64} \ldots\ldots \right\} = 3.1416 \Big\{$$

$$\Big\{ 1 - 0.0665 - 0,00329\ldots\ldots \Big\} = 3.1416 \times 0.9504 = 2.925$$

D'où : $\qquad$ $D = R \times 2.925 \ldots\ldots$ $\qquad = 6^{m}817$;

La quantité D étant déterminée, on trouvera successivement les valeurs suivantes :

Angle héliçoïdal,

$$tang\ \varphi = \frac{l\ cotg\ \theta}{D} = \frac{4 \times 0.6008}{6817} = 0.5525 \ \ . \ . = tang\ 19°25' ;$$

corde de la sinusoïde, $\quad CD' = \dfrac{D}{cos\ \varphi} = \dfrac{6.817}{0.9450} \ldots\ldots = 7^{m}23 ;$

$$\text{Retombée } B'S' = \frac{D}{cos\ \varphi} - \frac{L\ sin\ \varphi}{sin\ \theta} =$$

$$= 7.25 - \frac{20.54 \times 0.5524}{0.8572} = 7.25 - 7.96 \ . \ . \ . \ . \ . = -\ 0^{m}75.$$

La forme négative de cette dernière quantité indique que la retombée, au lieu d'être comprise dans le cylindre de douelle, comme dans la première application, se mesure sur le prolongement de la corde de la sinusoïde de tête, et complètement en dehors de la surface de développement de la douelle. Dans ce cas, les hélices de joints partant des angles aigus des naissances, ainsi que celles qui, étant comprises entre ces dernières, séparent les assises de moellons de douelle, n'aboutiront point sur la tête opposée, comme dans l'exemple précédent, mais s'arrêteront sur les piédroits à certaines distances des têtes. Par suite, aucun joint de douelle n'étant commun aux deux têtes, l'appareil de chacune d'elles pourra être déterminé isolément et indépendamment des dispositions d'appareil de l'autre tête.

Néanmoins, il n'est pas sans utilité de calculer la valeur de la retombée, quelle que soit sa position sur la surface de développement du cylindre de douelle ou en dehors de cette surface. On peut remarquer, en effet, que la connaissance de cette valeur permet d'apprécier non-seulement le nombre et la largeur des assises de moellons comprises entre les deux hélices de joints qui ont leur origine sur les têtes à l'angle aigu de chaque naissance, mais encore la longueur du piédroit du côté de l'angle aigu, suivant laquelle l'appareil des crémaillères est indépendant de la disposition adoptée pour l'appareil des têtes.

La voûte que nous donnons comme exemple numérique, et qui a été exécutée au chemin de fer de Strasbourg (2ᵉ section), a reçu dans la disposition de son appareil quelques modifications dont nous avons déjà parlé dans les chapitres précédents et qu'il est opportun de rappeler.

Ainsi, afin d'augmenter la résistance des voussoirs de naissances, et de faire disparaître l'inconvénient des glissements qui peuvent se produire pendant la pose, par suite de l'inclinaison des premiers joints sur les plans de têtes, on a cru devoir supprimer les joints des naissances et donner aux quatre coussinets d'angle une forme telle qu'ils appartiennent également au pied-droit et à la voûte.

Chaque tête a été divisée en 21 voussoirs, dont 19 de 0.564 de largeur; les deux coussinets ont chacun 0.207 de largeur sur la tête, et 0.50 de hauteur sur le pied-droit. Cette hauteur est aussi celle de la crémaillère sur toute la longueur du pied-droit. Les voussoirs de tête ont alternativement 0.60 et 0.80 de longueur de douelle; au-delà, ces cours de voussoirs sont subdivisés dans leur prolongement sur la douelle, chacun en deux assises de moellons de 0.182 de largeur; et par suite de la suppression des joints de naissances, les hélices qui, partant des angles aigus, vont aboutir au pied-droit opposé, ne formeront joint qu'entre le pied-droit et le derrière du voussoir de naissance de l'angle aigu; en d'autres termes, ces hélices séparent sur la douelle des assises de moellon, mais non des cours de voussoirs de têtes. En dessinant l'épure de développement de la douelle, on reconnaîtra facilement de quelle manière doit être appareillée la zone de douelle comprise entre ces deux hélices, et dont la largeur totale est 0.75, valeur de la retombée. Cette largeur peut être divisée en cinq assises de moellon de 0.146, ou en quatre assises de 0.182; mais si l'on remarque que le premier voussoir de chaque angle aigu n'emprunte à la douelle qu'une largeur de 0.207, un peu plus forte que celle des autres assises, et cependant insuffisante pour être subdivisée en deux assises de moellons, on conclura qu'il y a lieu de faire disparaître entièrement l'hélice de joint partant de l'angle aigu des naissances, et que nous avions déjà supprimée sur l'étendue de la douelle de la tête. On ajoutera alors à la largeur de la zone centrale, celle de 0.207 qui appartient au coussinet, et on divisera cette nouvelle zone de 0.937 en six assises de moellons de 0.156, ou mieux en cinq assises de 0.187, afin de se rapprocher davantage de la largeur des autres cours de moellons de douelle.

En désignant, comme dans la première application, par P et A les longueurs de chaque crossette, c'est-à-dire l'hypothénuse et le plus grand côté de l'angle droit du triangle rectangle dont la douelle de cette crossette affecte la forme, et par l la largeur de l'assise de moellon correspondante, on aura pour les crossettes de la zone centrale :

$$P = \frac{l}{\sin \varphi} = \frac{0.187}{0.3324} = 0.562 ;$$

$$A = l \, \mathrm{cotg} \, \varphi = 0.187 \times 2.857 = 0.531 ;$$

Et pour toutes les autres :

$$P = \frac{l}{\sin \varphi} = \frac{0.182}{0.3324} = 0.347 ;$$

$$A = l \cot g \varphi = 0.182 \times 2.837 = 0.516.$$

Actuellement, si l'on voulait déterminer les coordonnées de la sinusoïde de développement, correspondant aux points de division des voussoirs, on aurait, en prenant comme dans la première application, pour axes de ces coordonnées la section droite et la génératrice du cylindre qui passent par le sommet de la tête de la voûte :

$$D_1 = \text{la } 1/2 \text{ clef} = 0.182 ; \qquad D_2 = 0.182 + 0.564 = 0.546$$
$$D_3 = 0.182 + 0.728 = 0.910 ; \qquad D_4 = 0.910 \times 0.564 = 1.274$$
$$D_5 = 1.274 + 0.564 = 1.638 ; \qquad D_6 = 1.638 + 0.364 = 2.002$$
$$D_7 = 2.002 + 0.364 = 2.366 ; \qquad D_8 = 2.366 + 0.364 = 2.750$$
$$D_9 = 2.750 + 0.364 = 3.094 ; \qquad D_{10} = 3.094 + 0.364 = 3.458$$

et par suite, d'après ce qui a été dit ,

$$\alpha_1 = \frac{D_1}{a} = \frac{0.182}{2.333} = 0.078 ; \qquad \alpha_2 = \frac{D_2}{a} = \frac{0.546}{2.333} = 0.234$$

$$\alpha_3 = \frac{D_3}{a} = \ldots 0.390 ; \qquad \alpha_4 = \frac{D_4}{a} = \ldots 0.546$$

$$\alpha_5 = \frac{D_5}{a} = \ldots 0.702 ; \qquad \alpha_6 = \frac{D_6}{a} = \ldots 0.858$$

$$\alpha_7 = \frac{D_7}{a} = \ldots 1.014 ; \qquad \alpha_8 = \frac{D_8}{a} = \ldots 1.170$$

$$\alpha_9 = \frac{D_9}{a} = \ldots 1.326 ; \qquad \alpha_{10} = \frac{D_{10}}{a} = \ldots 1.482$$

On aura, pour valeur angulaire :

$$\alpha = D \frac{648000''}{\pi a} = D \frac{648000''}{(3.1416 \times 2.333 = 7.329)} = D \times 88415''.88,$$

formule générale qui donnera successivement, pour chacun des arcs :

$$\alpha_1 = D_1 \times 88415''.88 = 0.182 \times 88415''.88 = 16091'' = 4°, 28', 11''$$
$$\alpha_2 = D_2 \times 88415''.88 = 0.546 \times 88415''.88 = 48275'' = 15°, 24', 55''$$
$$\alpha_3 = D_3 \times 88415''.88 = \ldots 80458'' = 22°, 20', 58''$$
$$\alpha_4 = D_4 \times 88415''.88 = \ldots 112642'' = 31°, 17', 22''$$
$$\alpha_5 = D_5 \times 88415''.88 = \ldots 144825'' = 40°, 15', 45''$$
$$\alpha_6 = D_6 \times 88415''.88 = \ldots 177008'' = 49°, 10', 8''$$
$$\alpha_7 = D_7 \times 88415''.88 = \ldots 209192'' = 58°, 6', 32''$$
$$\alpha_8 = D_8 \times 88415''.88 = \ldots 241375'' = 67°, 2', 55''$$
$$\alpha_9 = D_9 \times 88415''.88 = \ldots 273559'' = 75°, 59', 19''$$
$$\alpha_{10} = D_{10} \times 88415''.88 = \ldots 305742'' = 84°, 55', 42''$$

Il est à remarquer que, par suite de l'uniformité de la largeur des voussoirs, les valeurs rectilignes et angulaires de α croissent de quantités constantes. On peut donc simplifier les calculs ci-dessus et obtenir les valeurs de chacun des arcs α_3, α_4, $\alpha_5 \ldots \ldots \ldots \alpha_{10}$, en ajoutant à la valeur de celui qui le précède les quantités : 0^m156 dans le premier cas, et $32185''.58$ ou $8°, 56', 23'', 38/100$ dans le deuxième.

Si, dans l'équation générale :

$$x = a \left\{ \alpha - \left(2\,\alpha + \sin 2\,\alpha \right) \frac{\cos^2 \theta}{8} \right\}$$

l'on introduit les diverses valeurs des quantités a, α, $\sin \alpha$ et $\cos^2 \theta$, on trouvera pour les abscisses x_1, x_2, x_3, $x_4 \ldots \ldots \ldots x_{10}$, les valeurs suivantes :

$$x_1 = 2.555 \left\{ 0.078 - \left(0.156 + 0.1458 \right) 0.05516 \right\} = 0.158$$

$$x_2 = 2.555 \left\{ 0.254 - \left(0.468 + 0.4511 \right) 0.05516 \right\} = 0.476$$

$$x_3 = 2.555 \left\{ 0.590 - \left(0.780 + 0.7055 \right) 0.05516 \right\} = 0.795$$

$$x_4 = 2.555 \left\{ 0.546 - \left(1.092 + 0.8876 \right) 0.05516 \right\} = 1.120$$

$$x_5 = 2.555 \left\{ 0.702 - \left(1.404 + 0.9861 \right) 0.05516 \right\} = 1.455$$

$$x_6 = 2.555 \left\{ 0.858 - \left(1.716 + 0.9894 \right) 0.05516 \right\} = 1.794$$

$$x_7 = 2.555 \left\{ 1.014 - \left(2.028 + 0.8871 \right) 0.05516 \right\} = 2.159$$

$$x_8 = 2.555 \left\{ 1.170 - \left(2.340 + 0.7181 \right) 0.05516 \right\} = 2.494$$

$$x_9 = 2.555 \left\{ 1.526 - \left(2.652 + 0.4698 \right) 0.05516 \right\} = 2.855$$

$$x_{10} = 2.555 \left\{ 1.482 - \left(2.964 + 0.1761 \right) 0.05516 \right\} = 5.215$$

Par la substitution des valeurs de a, de $\cos \theta$ et de $\sin \alpha$ dans l'équation

$$y = a \cos \theta \sin \alpha$$

qui donne l'expression générale des y, on obtiendra les équations suivantes qui donneront les valeurs des ordonnées y_1, y_2, $y_3 \ldots \ldots y_{10}$

correspondant aux abscisses $x_1, x_2, x_3 \ldots\ldots\ldots x_{10}$ déjà déterminées:

$$y_1 = (2.555 \times 0.5150)\, 0.7748 = 1.201 \times 0.7748 = 0.094$$
$$y_2 = \ldots\ldots\ldots\ldots\ldots\ldots 1.201 \times 0.2519 = 0.278$$
$$y_3 = \ldots\ldots\ldots\ldots\ldots\ldots 1.201 \times 0.5801 = 0.456$$
$$y_4 = \ldots\ldots\ldots\ldots\ldots\ldots 1.201 \times 0.5195 = 0.625$$
$$y_5 = \ldots\ldots\ldots\ldots\ldots\ldots 1.201 \times 0.6458 = 0.775$$
$$y_6 = \ldots\ldots\ldots\ldots\ldots\ldots 1.201 \times 0.7566 = 0.908$$
$$y_7 = \ldots\ldots\ldots\ldots\ldots\ldots 1.201 \times 0.8490 = 1.019$$
$$y_8 = \ldots\ldots\ldots\ldots\ldots\ldots 1.201 \times 0.9208 = 1.106$$
$$y_9 = \ldots\ldots\ldots\ldots\ldots\ldots 1.201 \times 0.9702 = 1.165$$
$$y_{10} = \ldots\ldots\ldots\ldots\ldots\ldots 1.201 \times 0.9960 = 1.196$$

La sinusoïde de tête ayant été tracée dans son entier à l'aide de ces éléments, on abaissera, de chacun des points de division obtenus sur cette courbe, sur la section droite développée que nous avons prise pour axe des abscisses, des perpendiculaires qui seront autant de génératrices de la surface de développement. En portant ensuite, suivant ces génératrices, la longueur de douelle des voussoirs de tête, qui est alternativement de 0.60 et de 0.80, on pourra facilement tracer les sinusoïdes qui limitent intérieurement les voussoirs de tête, et l'on aura ainsi tous les éléments nécessaires pour déterminer les panneaux de douelle des voussoirs de têtes.

TROISIÈME APPLICATION.

Voûte surbaissée en arc de cercle de 8 mètres d'ouverture.

Largeur du cylindre elliptique. . . . . $l = 8^{m}00$;
Angle du biais. $\theta = 77°\,00$;
Longueur entre les plans de têtes. . . . . $L = 7^{m}60$;
Flèche de l'arc de tête. . . . . $F = 1^{m}60$;
Hauteur des pieds-droits. . . . . $= 5^{m}67$;

Epaisseur des id. $\begin{cases} \text{section droite.} \ldots\ldots\ldots = 5^{m}15\,; \\ \text{section oblique} = \dfrac{3.15}{\sin\theta} \ldots\ldots = 5^{m}23\,; \end{cases}$

Epaisseur de la voûte $\begin{cases} \text{aux naissances.} \ldots\ldots = \begin{cases} 5^{m}15\,; \\ 5^{m}23\,; \end{cases} \\ \text{à la clef.} \ldots\ldots\ldots = 0^{m}85\,; \end{cases}$

La corde C de l'arc de tête sera déterminée par la formule (6), qui donne l'expression du rayon de l'arc de tête dans les voûtes en plein cintre.

$$C = \frac{l}{\sin \theta} = \frac{8.00}{0.9744} \quad \ldots \ldots \quad = 8^{m}21 \; ;$$

en désignant par a le rayon de l'arc de tête, ou aura :

$$a = \frac{C^2 + 4\,F^2}{8\,F} = \frac{67.40 + 10.24}{12.80} \quad \ldots \ldots \quad = 6^{m}065;$$

Obliquité de la voûte, $\quad Z = l\,cotg\,\theta = 8 \times 0.2308 \ldots \quad = 1^{m}846;$

Longueur des pieds-droits, $\quad L' = \dfrac{L}{\sin \theta} = \dfrac{7.60}{0.9744} \quad \ldots \quad = 7^{m}80 \; ;$

La valeur angulaire de l'arc de tête étant désignée par A,
Sa valeur en secondes par. . . . . S,
Et son développement linéaire par. . . . . D',
Les quantités A et D' seront déterminées par les formules suivantes :

$$\sin \frac{A}{2} = \frac{C}{2\,a} = \frac{8.21}{12.13} = 0.6768 \quad \ldots \ldots \quad = \sin 42°, 36';$$

$$\text{et par suite,} \quad A \ldots \ldots \ldots \quad = 85°, 12';$$

$$D' = \frac{\pi\,as}{648000} = \frac{3.1416 \times 6.065 \times 306720}{648000} \quad = 9^{m}02 \; ;$$

On trouvera le développement de l'arc elliptique de section droite à l'aide de l'équation (15) :

$$\frac{D}{A} = \alpha - \left\{ \alpha + \sin \alpha \right\} \frac{\cos^2 \theta}{4}$$

dans laquelle a désigne le rayon de l'arc de tête, α la valeur rectiligne du même arc, en supposant le rayon égal à l'unité, et θ l'angle du biais de la voûte.

Or, ces quantités ayant pour valeurs :

$$a = 6^{m}065 ; \quad \theta = 77°00 ; \quad \alpha = \frac{D'}{a} = \frac{9.02}{6.065} = 1^{m}487.$$

Il vient, en substituant :

$$\frac{D}{6.065} = 1.487 - \left\{ 1.487 + \sin 85°12' \right\} \frac{\cos^2 77°}{4} = 1.487 -$$

$$- \left\{ 1.487 + 0.9964929 \right\} \frac{\overline{0.2249511}^2}{4} = 1.487 - 0.0314116 = 1.4556.$$

$$\text{D'où} \quad D = 1.4556 \times 6.065 \quad \ldots \ldots \quad = 8^{m}828;$$

On trouvera ensuite à l'aide de la quantité D :

Angle hélicoïdal, $\quad tang\,\varphi = \dfrac{l\,cotg\,\theta}{D} = \dfrac{8.00 \times 0.23087}{8.828} = \dfrac{1.846}{8.828} =$

$$= 0.209107 \ldots \ldots \quad = tang\ 11°, 48' 38'';$$

Corde de la sinusoïde. $\quad CD' = \dfrac{D}{\cos\varphi} = \dfrac{8.828}{0.9789} \cdot \;\cdots\quad = 9^{m}018;$

et, par suite, la valeur de la retombée $B'S'$

$$B'S' = \frac{D}{\cos\varphi} - \frac{L\,\sin\varphi}{\sin\theta} = 9.018 - 1.605 \quad = 7^{m}413.$$

L'hélice de joint, qui a son origine sur l'angle aigu de la naissance, et dont nous venons de déterminer la position sur la surface de développement du cylindre, divisera ainsi l'arc de tête opposé en deux parties. Ces deux arcs auront pour développement, savoir : celui du côté de l'angle aigu, $7^{m}413$; celui du côté de l'angle obtus, $1^{m}65$. Ce dernier pouvant former cinq voussoirs de chacun $0^{m}321$ d'épaisseur, on voit tout d'abord qu'il n'y a pas lieu de modifier l'angle hélicoïdal en déviant la direction de l'hélice.

Le deuxième arc sera divisé en un nombre pair de voussoirs, tel que la largeur de chacun d'eux diffère peu de celle des 5 premiers voussoirs du premier arc. Ce nombre peut être fixé à 22, et par suite la largeur de chaque voussoir à $0^{m}337$. On a cru devoir adopter cette disposition d'appareil, bien que la clef, au lieu d'occuper exactement le milieu de la tête, se trouve reportée de 0.04 vers l'angle obtus.

Les têtes se trouvent ainsi divisées chacune en 27 voussoirs d'épaisseur à peu près uniforme, et forment un bandeau de 0.85 de hauteur. Ces cours de voussoirs ont alternativement 0.60 et 0.80 de longueur en douelle ; ils se subdivisent dans leur prolongement sur l'étendue de la douelle en 64 cours de moellons, dont 20 assises de 0.15 à 0.16 de largeur, aboutissant de l'une des têtes au pied-droit, et 44 assises de 0.16 à 0.17 de largeur allant d'une tête à l'autre.

La hauteur de pied-droit des crémaillères est de 0.50 ; c'est aussi la hauteur des sommiers d'angles.

L'épure du développement de la surface de douelle montrerait que le premier voussoir de naissance affecte sur la douelle la forme d'un coin dont la tête est à l'extérieur de la voûte du côté de l'angle obtus, et à l'intérieur vers l'angle aigu. On a évité les conséquences que pouvait avoir une forme aussi défavorable à la résistance, en supprimant le premier joint à chaque naissance, c'est-à-dire, en faisant le sommier ou première assise du pied-droit au-dessous de la voûte, et le premier voussoir de la voûte à chaque angle, d'un seul morceau de pierre. La nouvelle forme du sommier sur la tête n'a rien de disgracieux, et il serait d'ailleurs facile, si on le désirait, de dissimuler complétement cette correction en pratiquant un faux joint dans la pierre, suivant la normale qui passe par le point de naissance.

Si l'on adopte 0.16 pour la largeur uniforme des 20 assises de moellons

du côté des naissances, et 0.168 pour celle des 44 autres assises, on trouvera pour les dents de la crémaillère :

$$P = \frac{l}{\sin \varphi} = \frac{0.16}{0.20506} \ldots \ldots \ldots = 0^m78 \left.\right\} \text{ dans le premier cas.}$$

$$A = l\,cotg\,\varphi = 0,16 \times 4.7728 \ldots = 0^m765 \left.\right\}$$

$$P = \frac{0.168}{0.20506} \ldots \ldots \ldots = 0^m82 \left.\right\} \text{ dans le deuxième cas.}$$

$$A = 0.168 \times 4.7728 \ldots \ldots = 0^m802 \left.\right\}$$

Pour avoir les coordonnées des sinusoïdes qui limitent sur le développement la douelle des voussoirs de tête, en s'imposant la condition
d'obtenir ces coordonnées pour tous les points de la sinusoïde qui appartiennent en même temps aux hélices de joints, on cherchera, comme
dans les applications précédentes, la valeur de chacune des quantités α,
$\sin \alpha$, $\sin 2\,\alpha$, $\cos \theta$ et $\cos^2 \theta$, que l'on substituera ensuite dans les équations :

$$x = a \left\{ \alpha - \left(2\,\alpha + \sin 2\,\alpha \right) \frac{\cos^2 \theta}{8} \right\} ;$$

$$y = a \cos \theta \sin \alpha ;$$

Or, pour déterminer la valeur de α, dont l'expression est $\alpha = \dfrac{D}{a}$ pour

chacun des arcs considérés sur la tête, il faut d'abord chercher les valeurs
de D.

On aura donc :

$$D_1 = \text{portion de la clef} = 0.129 ; \qquad D_2 = 0.129 + 0.557 = 0.466 ;$$
$$D_3 = 0.466 + 0.557 = 0.805 ; \qquad D_4 = 0.805 + 0.557 = 1.140 ;$$
$$D_5 = \ldots \ldots \ldots 1.447 ; \qquad D_6 = \ldots \ldots \ldots 1.814 ;$$
$$D_7 = \ldots \ldots \ldots 2.151 ; \qquad D_8 = \ldots \ldots \ldots 2.488 ;$$
$$D_9 = \ldots \ldots \ldots 2.825 ; \qquad D_{10} = \ldots \ldots \ldots 3.162 ;$$
$$D_{11} = \ldots \ldots \ldots 3.499 ; \qquad D_{12} = \ldots \ldots \ldots 3.856 ;$$
$$D_{13} = \ldots \ldots \ldots 4.173 ;$$

Et par suite :

$$\alpha_1 = \frac{D_1}{a} = \frac{0.129}{6.065} = 0.0215 ; \qquad \alpha_2 = \frac{D_2}{a} = \frac{0.466}{6.065} = 0.0768 ;$$

$$\alpha_3 = \frac{D_3}{a} = \ldots \ldots 0.1524 ; \qquad \alpha_4 = \frac{D_4}{a} = \ldots \ldots 0.1879 ;$$

$$\alpha_5 = \frac{D_5}{a} = \ldots \ldots 0.2435 ; \qquad \alpha_6 = \frac{D_6}{a} = \ldots \ldots 0.2991 ;$$

$$\alpha_7 = \frac{D_7}{a} = \ldots \ldots 0.3547 ; \qquad \alpha_8 = \frac{D_8}{a} = \ldots \ldots 0.4102 ;$$

$$\alpha_9 = \frac{D_9}{a} = \frac{2.823}{6.065} = 0.4658 ; \qquad \alpha_{10} = \frac{D^{10}}{a} = \frac{5.162}{6.065} = 0.5214 ;$$

$$\alpha_{11} = \frac{D_{11}}{a} = \ldots 0.5769 ; \qquad \alpha_{12} = \frac{D_{12}}{a} = \ldots 0.6325 ;$$

$$\alpha_{13} = \frac{D_{13}}{a} = \ldots 0.6880.$$

Calculant d'après la formule générale :

$$\alpha = D\,\frac{648000''}{\pi a} = D\,\frac{648000''}{(3.1416 \times 6.065 = 19.054)} = D \times 34008'', 607.$$

On aura ensuite pour la valeur angulaire de chacun de ces arcs :

$$\alpha_1 = D_1 \times 34008'',607 = 0.129 \times 34008'',607 = \quad 4587'' = 1^\circ, 15', \ 7'' ;$$
$$\alpha_2 = D_2 \times 34008'',607 = 0.466 \times 34008'',607 = 15848'' = \quad 4^\circ, 24', \ 8'' ;$$
$$\alpha_3 = D_3 \times 34008'',607 = 0.805 \times 34008'',607 = 27308'' = \quad 7^\circ, 35', \ 8'' ;$$
$$\alpha_4 = D_4 \times 34008'',607 = \ldots \quad 58769'' = 10^\circ, 46', \ 9'' ;$$
$$\alpha_5 = D_5 \times 34008'',607 = \ldots \quad 50250'' = 13^\circ, 57', 10'' ;$$
$$\alpha_6 = D_6 \times 34008'',607 = \ldots \quad 61691'' = 17^\circ, \ 8', 11'' ;$$
$$\alpha_7 = D_7 \times 34008'',607 = \ldots \quad 73152'' = 20^\circ, 19', 12'' ;$$
$$\alpha_8 = D_8 \times 34008'',607 = \ldots \quad 84615'' = 23^\circ, 30', 13'' ;$$
$$\alpha_9 = D_9 \times 34008'',607 = \ldots \quad 96074'' = 26^\circ, 41', 14'' ;$$
$$\alpha_{10} = D_{10} \times 34008'',607 = \ldots \quad 107535'' = 29^\circ, 52', 15'' ;$$
$$\alpha_{11} = D_{11} \times 34008'',607 = \ldots \quad 118996'' = 33^\circ, \ 3', 16'' ;$$
$$\alpha_{12} = D_{12} \times 34008'',607 = \ldots \quad 130457'' = 36^\circ, 14', 17'' ;$$
$$\alpha_{13} = D_{13} \times 34008'',607 = \ldots \quad 141918'' = 39^\circ, 25', 18''.$$

Ici, comme dans l'application précédente, les valeurs rectilignes et angulaires de α croissant de quantités constantes, on peut déterminer toutes ces valeurs par de simples additions.

En introduisant les valeurs de α, de $sin\,2\alpha$ et de $cos^2\theta$ dans l'équation des abscisses, on aura pour les abscisses x_1, x_2, x_3 .... x_{13} les valeurs suivantes :

$$x_1 = 6.065 \left\{ 0.0213 - \left(0.0426 + 0.0426 \right) 0.0506 = 6.065 \left\{ 0.0215 - 0.0043 \right\} = 0.103 ;$$

$$x_2 = 6.065 \left\{ 0.0768 - \left(0.1536 + 0.1530 \right) 0.0506 = 6.065 \left\{ 0.0768 - 0.0155 \right\} = 0.572 ;$$

$$x_3 = 6.065 \left\{ 0.1524 - \left(0.2648 + 0.2617 \right) 0.0506 = 6.065 \left\{ 0.1524 - 0.0266 \right\} = 0.642 ;$$

$$x_4 = 6.065 \left\{ 0.1879 - \left(0.3758 + 0.3671 \right) 0.0506 = 6.065 \left\{ 0.1879 - 0.0376 \right\} = 0.911 ;$$

$$x_5 = 6.065 \left\{ 0.2455 - \left(0.4870 + 0.4680 \right) 0.0506 = 6.065 \left\{ 0.2455 - 0.0483 \right\} = 1.184 \; ;$$

$$x_6 = 6.065 \left\{ 0.2991 - \left(0.5982 + 0.5651 \right) 0.0506 = 6.065 \left\{ 0.2991 - 0.0588 \right\} = 1.457 \; ;$$

$$x_7 = 6.065 \left\{ 0.3547 - \left(0.7094 + 0.6512 \right) 0.0506 = 6.065 \left\{ 0.3547 - 0.0688 \right\} = 1.754 \; ;$$

$$x_8 = 6.065 \left\{ 0.4102 - \left(0.8204 + 0.7514 \right) 0.0506 = 6.065 \left\{ 0.4102 - 0.0785 \right\} = 2.012 \; ;$$

$$x_9 = 6.065 \left\{ 0.4658 - \left(0.9316 + 0.8025 \right) 0.0506 = 6.065 \left\{ 0.4658 - 0.0876 \right\} = 2.294 \; ;$$

$$x_{10} = 6.065 \left\{ 0.5214 - \left(1.0428 + 0.8657 \right) 0.0506 = 6.065 \left\{ 0.5214 - 0.0965 \right\} = 2.577 \; ;$$

$$x_{11} = 6.065 \left\{ 0.5769 - \left(1.1538 + 0.9145 \right) 0.0506 = 6.065 \left\{ 0.5769 - 0.1046 \right\} = 2.864 \; ;$$

$$x_{12} = 6.065 \left\{ 0.6525 - \left(1.2650 + 0.9556 \right) 0.0506 = 6.065 \left\{ 0.6525 - 0.1122 \right\} = 3.156 \; ;$$

$$x_{13} = 6.065 \left\{ 0.6880 - \left(1.3760 + 0.9811 \right) 0.0506 = 6.065 \left\{ 0.6880 - 0.1192 \right\} = 3.450 .$$

Substituant ensuite les valeurs de a, de $\cos \theta$ et de $\sin \alpha$ dans l'équation générale de y, on obtiendra les équations suivantes qui donnent les valeurs des ordonnées $y_1, y_2, y_3, y_4 \ldots \ldots y_{13}$ correspondant aux abscisses $x_1, x_2, x_3, x_4 \ldots \ldots x_{13}$ ci-dessus.

$$y_1 = (6.065 \times \cos 77°) \sin 1°, 13', 17'' = 1.364 \times \sin 1°, 13', 17'' = 0.029$$
$$y_2 = \ldots \ldots \ldots \ldots \ldots \ldots 1.364 \times \sin 4°, 24', 8'' = 0.105$$
$$y_3 = \ldots \ldots \ldots \ldots \ldots \ldots 1.364 \times \sin 7°, 33', 8'' = 0.180$$
$$y_4 = \ldots \ldots \ldots \ldots \ldots \ldots 1.364 \times \sin 10°, 46', 9'' = 0.255$$
$$y_5 = \ldots \ldots \ldots \ldots \ldots \ldots 1.364 \times \sin 13°, 57', 10'' = 0.329$$
$$y_6 = \ldots \ldots \ldots \ldots \ldots \ldots 1.364 \times \sin 17°, 8', 11'' = 0.402$$
$$y_7 = \ldots \ldots \ldots \ldots \ldots \ldots 1.364 \times \sin 20°, 19', 12'' = 0.473$$
$$y_8 = \ldots \ldots \ldots \ldots \ldots \ldots 1.364 \times \sin 23°, 30', 13'' = 0.544$$
$$y_9 = \ldots \ldots \ldots \ldots \ldots \ldots 1.364 \times \sin 26°, 41', 14'' = 0.612$$
$$y_{10} = \ldots \ldots \ldots \ldots \ldots \ldots 1.364 \times \sin 29°, 52', 15'' = 0.679$$
$$y_{11} = \ldots \ldots \ldots \ldots \ldots \ldots 1.364 \times \sin 33°, 5', 16'' = 0.744$$
$$y_{12} = \ldots \ldots \ldots \ldots \ldots \ldots 1.364 \times \sin 36°, 14', 17'' = 0.806$$
$$y_{13} = \ldots \ldots \ldots \ldots \ldots \ldots 1.364 \times \sin 39°, 25', 18'' = 0.866$$

Dans le calcul des éléments de la sinusoïde pour le cas qui nous occupe, on remarquera que les coordonnées que nous avons considérées correspondent aux points de division des voussoirs de l'arc de sinusoïde qui est compris entre le sommet de la voûte et la naissance du côté de l'angle aigu. Or, cette portion de sinusoïde étant composée de 13 divisions de voussoirs de 0.537 et d'une portion de voussoir de 0.1285, il s'en suit que les coordonnées que nous avons obtenues pour ces points de division pourront servir à déterminer l'autre moitié de la sinusoïde, mais ne correspondront plus aux points de divisions de voussoirs de cette dernière. On se servira alors des éléments que nous avons calculés, pour tracer en entier l'arc de sinusoïde, et on aura à opérer, à l'aide du compas, la division des voussoirs sur la portion de sinusoïde où les coordonnées obtenues ne correspondent pas à ces points de division.

On déterminera ensuite facilement, par la série des opérations graphiques que nous avons indiquées dans les exemples numériques précédents, les sinusoïdes qui limitent les voussoirs à l'intérieur, les joints de douelle, et par suite tous les éléments nécessaires pour tailler la douelle des voussoirs de têtes.

Nota. Les trois *applications numériques* que nous venons de donner, se rapportent aux voûtes construites par les ponts et chaussées dans la traversée de la ville de Meaux (chemin de fer de Paris à Strasbourg), section de M. de Sermet, ingénieur en chef, arrondissement de M. Hachette, ingénieur ordinaire.

CHAPITRE VI.

De l'Appareil hélicoïdal appliqué aux Voutes elliptiques.

CONCLUSION.

Pour préciser nos conclusions, nous remonterons à notre point de départ.

Au début du chapitre théorique sur l'appareil hélicoïdal, nous avons cité le jugement porté par l'ingénieur anglais Buck contre le système que nous nous sommes donné la mission de défendre. On nous permettra de reproduire ici ce texte, pour mieux constater que nous n'avons laissé aucune objection sans réponse. M. Buck termine son traité en disant :

« Dans tout cet ouvrage, nous n'avons traité que des voûtes obliques
» à section droite demi-circulaire, parce que notre opinion est que l'on
» ne doit en construire que de cette espèce.

» Nous n'ignorons pas qu'il existe des arches obliques à section droite
» elliptique, mais nous les regardons comme manquant de stabilité ;
» elles sont d'ailleurs plus difficiles à exécuter et conséquemment plus
» dispendieuses, surtout en maçonnerie.

» Et après avoir approfondi ce sujet autant que nous en sommes ca-
» pable, nous pensons qu'elles ne comportent point de formules simples
» telles que celles que nous avons établies pour les voûtes obliques à
» section droite demi-circulaire.

» Nous ne pensons pas qu'il puisse jamais se présenter un concours de
» circonstances susceptibles de forcer l'ingénieur à construire une voûte
» elliptique, et par ces motifs, nous les rejetons entièrement.

» Cependant, nous verrions avec plaisir que quelqu'un approfondît ce
» sujet et nous fît voir notre erreur, si, en effet, nous en faisons une. »

Dans le cours de ces ÉTUDES, nous n'avons négligé aucune occa-sion de réfuter les objections faites contre les voûtes elliptiques. Il nous suffira donc de nous résumer pour mieux faire ressortir la portée des arguments que nous avons développés.

Et d'abord, l'un des principaux griefs énoncés dans le Mémoire de M. Buck, tombe par le fait seul de la publication de notre travail ; en effet, il montre péremptoirement que, contrairement à l'opinion de cet honorable ingénieur, il est possible d'obtenir par les moyens graphiques et de traduire en formules simples et d'une solution facile les divers élé-ments dont se compose un projet de voûte biaise à cylindre elliptique.

Nous croyons d'ailleurs avoir prouvé que ces voûtes ne présentent aucune difficulté sérieuse dans leur exécution, et que leur emploi ne peut conséquemment entraîner à un surcroît de dépenses.

Il ne nous reste donc qu'à faire ressortir l'avantage du système hélicoïdal elliptique sur le système anglais au point de vue de la stabilité. A cet effet, si l'on considère deux demi-cylindres biais de même projection horizontale, l'un elliptique et l'autre circulaire, chacun de ces demi-cylindres formant la douelle d'une voûte biaise, si, après les avoir développés sur le plan horizontal des naissances, on y trace la transformée par développement de l'hélice intradossale de joint, qui doit être perpendiculaire à la corde de la transformée de l'arc de tête, ces hélices couperont les génératrices, dans les deux cylindres, suivant des angles inégaux, et de ces deux angles hélicoïdaux celui qui appartiendra au cylindre elliptique sera le plus faible. La disparité de ces deux angles augmentera avec l'obliquité du cylindre. Ainsi, pour un biais de 40 degrés, le rapport des tangentes des angles hélicoïdaux des deux cylindres est de $\frac{4}{5}$ environ ; ce rapport est à peu près de $\frac{1}{2}$, lorsque l'angle d'obliquité est de 25 degrés.

De ces considérations, il ressort clairement que l'inclinaison des joints qui avoisinent les naissances dans les voûtes biaises, inclinaison que plusieurs constructeurs ont signalée comme fâcheuse au point de vue de l'exécution, est bien moindre dans les voûtes elliptiques que dans les voûtes circulaires ; de ces deux systèmes, l'appareil elliptique est donc celui qui se rapproche le plus de l'appareil droit tout en remplissant les conditions propres à une répartition convenable de la poussée au vide.

Si nous comparons ensuite la poussée latérale dans les deux appareils, nous voyons d'après des expériences de Rondelet que nous avons citées, que l'avantage reste encore aux voûtes elliptiques, et cet avantage est d'autant plus manifeste que le biais est plus prononcé.

Nous ferons remarquer en outre que si au-delà d'une certaine limite (40° environ) les grandes obliquités présentent certains avantages dans les voûtes elliptiques, il n'en est pas de même dans les voûtes circulaires où la poussée s'exerce suivant des sections elliptiques qui tendent à devenir de plus en plus surbaissées à mesure que l'angle d'obliquité décroît. M. de Gayffier, dans les notes qui complètent la traduction qu'il a faite du mémoire de M. Buck, fait remarquer ce fait dans les termes suivants :

« La discussion à laquelle nous venons de nous livrer, et que nous
» avons cru devoir développer un peu longuement, parce qu'en quelques
» points nous ne sommes pas d'accord avec l'auteur (M. Buck), indique-
» rait qu'une voûte oblique est d'autant plus facile à construire que
» l'obliquité en est plus grande. Mais il faut remarquer que la section
» droite étant un cercle, l'ellipse de tête est d'autant plus surbaissée
» que l'obliquité est plus grande. »

M. de Gayffier examine ensuite les variations du surbaissement de l'ellipse et il conclue ainsi qu'il suit :

« On voit que le surbaissement devient plus fort quand θ (*l'angle du biais*) diminue ; il est égal à environ $\frac{1}{4}$ pour $\theta = 75°$ et à environ $\frac{1}{3}$ pour $\theta = 25° 40'$. Ce sont des limites que l'on peut atteindre, mais il n'en est pas moins vrai que le surbaissement vient diminuer l'avantage que paraissent présenter les plus fortes obliquités. »

M. Lefort admet en général l'emploi des cylindres elliptiques ; il les rejette seulement dans l'appareil orthogonal convergent pour adopter la forme circulaire qui lui paraît mieux convenir à l'application de cet appareil particulier.

M. Graeff ne partage pas complétement l'avis de M. Lefort au sujet de cette exception. Voici comment il formule son opinion, dans son mémoire sur l'appareil et la construction des ponts biais :

« Nous ne saurions être sur ce dernier point de l'avis de M. Lefort d'une manière absolue, que dans l'hypothèse d'un souterrain ou d'un pont dont la longueur serait très-grande par rapport à l'ouverture. Alors évidemment l'on doit éviter la sujétion de la section droite elliptique, puisqu'elle affecterait la plus grande longueur de la voûte ; mais dans un pont où la portion de voûte à appareiller en voûte droite serait de peu de longueur, il vaudrait beaucoup mieux avoir l'arc de cercle pour la section de tête que pour la section droite, car c'est sur l'arc de tête que l'appareil demande le plus de régularité, puisqu'il est plus en vue ; or, nous l'avons déjà fait remarquer, l'appareil sur un arc de cercle se fait toujours plus simplement et plus régulièrement que sur un arc d'ellipse. On ne doit donc se décider à employer l'ellipse pour la tête que quand la longueur de la partie de voûte à appareiller en voûte droite est plus grande que celle des parties à appareiller suivant le système orthogonal convergent. On ne voit d'ailleurs pas pourquoi M. Lefort a trouvé que, pour l'appareil orthogonal parallèle, le cas qui convenait aux applications était celui de la section droite elliptique et de la section de tête circulaire, tandis qu'il admet le contraire pour l'appareil orthogonal convergent, attendu qu'il est une certaine limite du biais et du rapport de la longueur de la voûte à son ouverture où l'un de ces appareils convient aussi bien que l'autre. Il est plus exact de dire que pour l'appareil orthogonal convergent, le cas de la section droite elliptique donne lieu à des calculs beaucoup plus laborieux que ceux du cas de la section droite circulaire. »

Nous ne sommes donc pas seuls à rejeter cette préférence absolue accordée aux cylindres circulaires appareillés hélicoïdalement. D'habiles ingénieurs partagent notre opinion ; et de nombreuses applications faites sur les chemins de fer et sur les canaux, mettent en évidence ce fait, que l'application des cylindres elliptiques aux voûtes biaises, réunit toutes les conditions de stabilité, d'élégance, et de facilité d'exécution, et que la pratique comme la théorie en recommande l'emploi, de préférence aux cylindres circulaires.

En présence de l'exclusion prononcée contre un système dont l'expérience nous a démontré les avantages réels, nous avons cru utile de donner les développements qui précèdent. A des reproches graves produits sans preuves, nous avons opposé des raisonnements sérieux et des faits que chacun peut vérifier. Nous pensons que tous les constructeurs nous sauront gré d'avoir traité avec détails cette intéressante question, et qu'ils voudront bien accepter avec indulgence les incorrections qui pourraient nous être échappées.

FIN.

ERRATA.

Page 47, ligne 21. — *Au lieu de :* 2ᵉ Subdivision de la corde sinusoïde, *lisez :*
Substitution de la corde de la sinusoïde.

Page 73, ligne 32. — *Au lieu de :* les angles aigus des précédents pieds-droits,
lisez : les angles aigus des pieds-droits.

Page 88, ligne 27. — Le pont *dit* de Gournay est situé sur le chemin de fer de
l'Est, dans la tranchée de Gaguy, entre la station de ce
nom et celle de Chelles.

Page 89, ligne 52. — Les ponts des rues de La Chapelle et de Lafayette sont
dans la ville de Paris.

Page 94, ligne 3. — *Au lieu de :* 1,2768, *lisez :* 0,2768.

Page 96, ligne 1. — *Au lieu de :* 1 $=$, *lisez* 1 —.

Les fautes indiquées dans cette accolade n'existent pas dans tous les exemplaires.

SAINT-NICOLAS (MEURTHE), IMPRIMERIE DE P. TRENEL.

VOÛTES BIAISES. — ESSAI THÉORIQUE ET PRATIQUE.

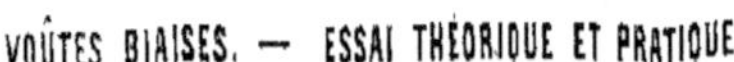

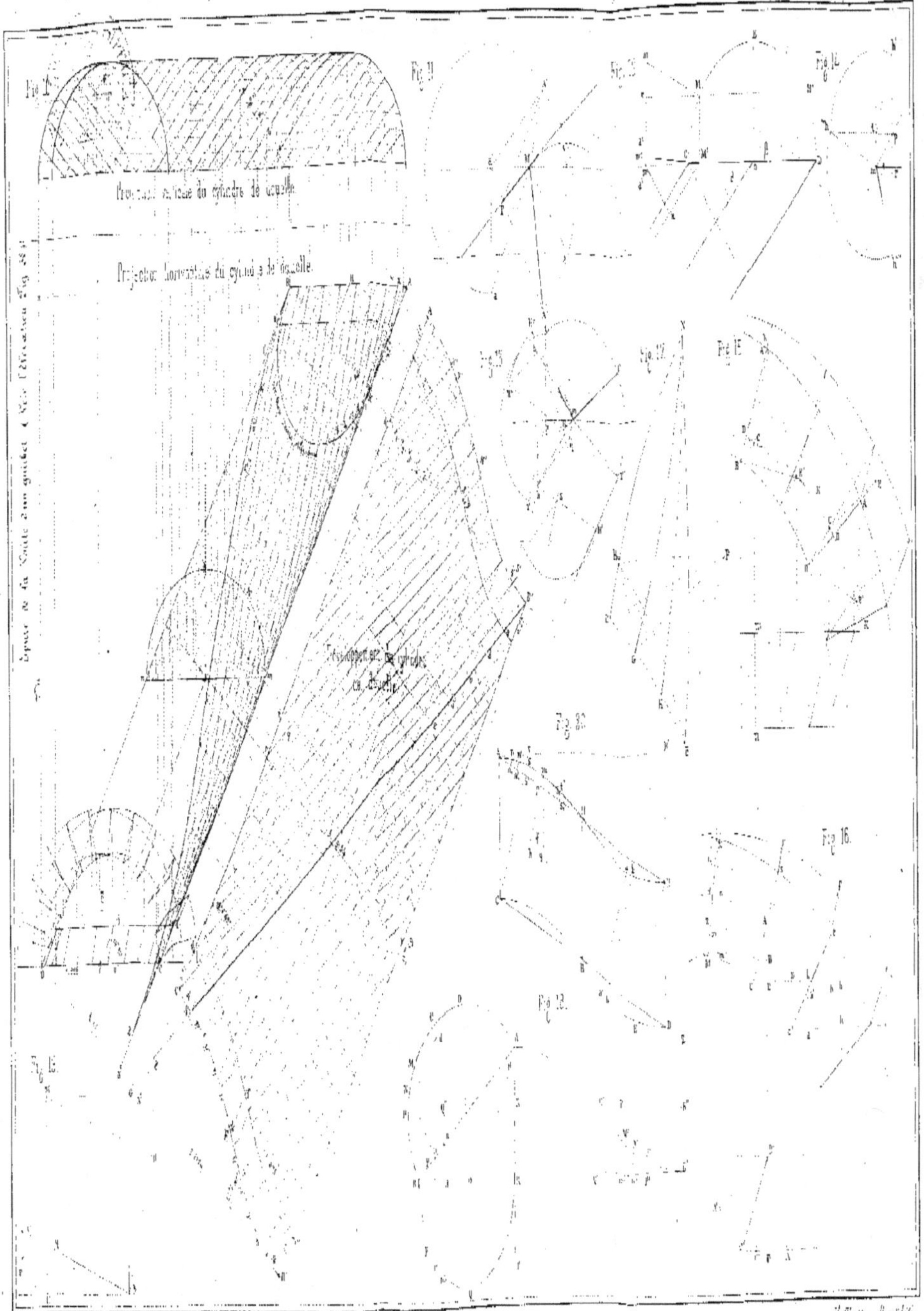

Lith. Ve Dt. Paris — F. Crétien, Dess.r Lith.

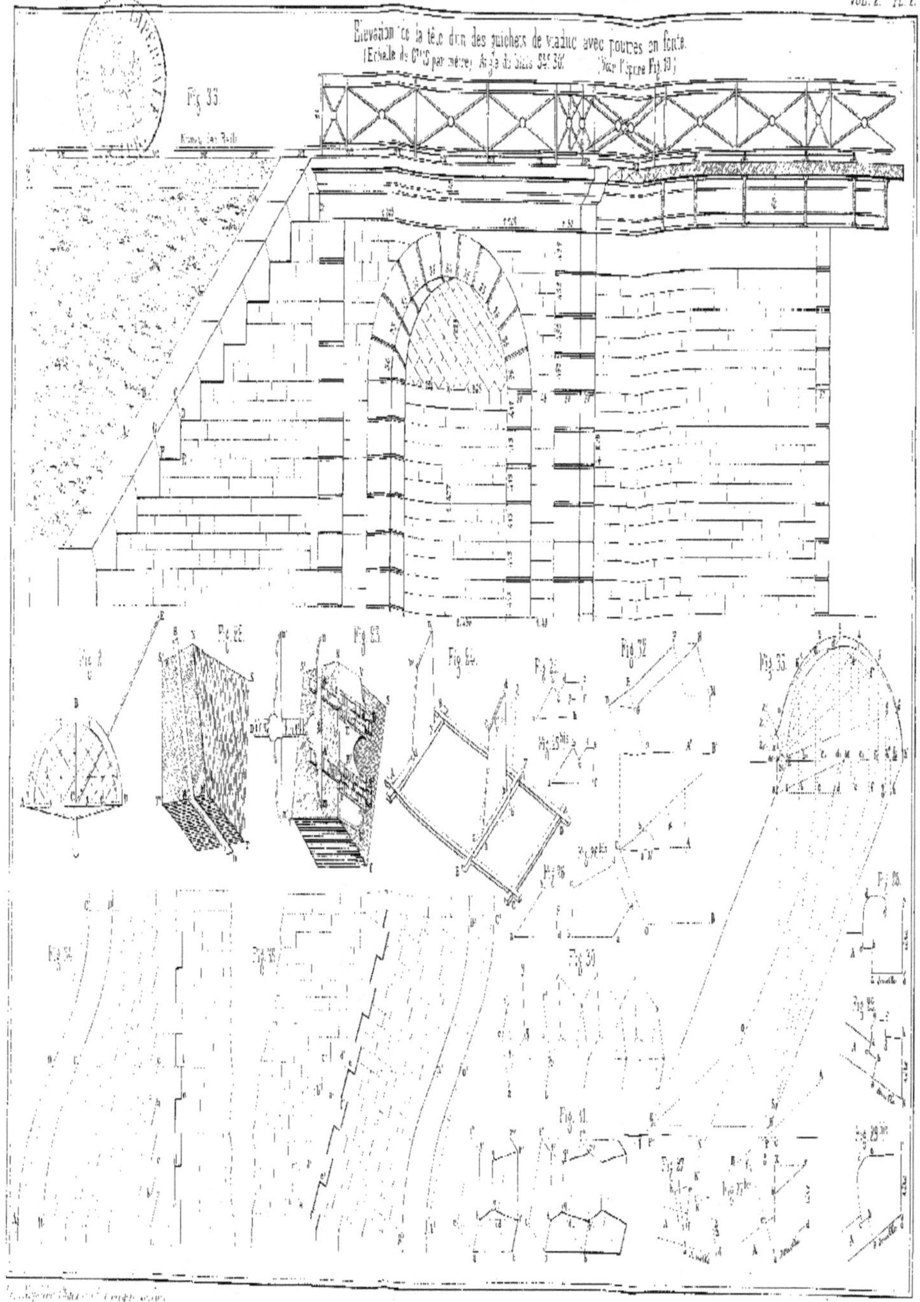
Élévation de la tête d'un des guichets de viaduc avec poutres en fonte.
(Échelle de 0m05 par mètre) Angle du biais 54° 30'.   (Voir l'épure Fig. 19.)
Fig. 33.

L'INGÉNIEUR

JOURNAL

SCIENTIFIQUE ET ADMINISTRATIF

DESTINÉ

AUX INGÉNIEURS DES MINES, DES PONTS ET CHAUSSÉES,
DES CONSTRUCTIONS NAVALES ; AUX INGÉNIEURS CIVILS ; AUX CONDUCTEURS
ET PIQUEURS DES PONTS ET CHAUSSÉES ; AUX GARDES-MINES ;
AUX ANCIENS ÉLÈVES DE L'ÉCOLE CENTRALE, AGENTS-VOYERS,
GÉOMÈTRES DU CADASTRE, AGENTS DES COMPAGNIES DE CHEMINS
DE FER, ARCHITECTES, CONSTRUCTEURS, MÉCANICIENS,
ENTREPRENEURS, ETC.; ETC.

PARAISSANT LE 1ᵉʳ DE CHAQUE MOIS

SOUS LA DIRECTION

De M. Émile BEYSSELANCE,

INGÉNIEUR CIVIL, ANCIEN CONDUCTEUR DES PONTS ET CHAUSSÉES.

Grouper dans une publication à bon marché, et paraissant à des époques fixes et rapprochées, les actes officiels, les faits scientifiques et administratifs qui intéressent le corps des ingénieurs de l'État, et des ingénieurs qui appartiennent aux départements, aux communes et à l'industrie privée ; réunir à ces documents, d'une si grande utilité, des notes, mémoires et documents sur la science et l'art pratique des constructions, tel à été, tel est encore le but que se sont proposé les fondateurs de ce journal.

Chaque numéro du journal l'INGÉNIEUR a deux parties. La *Partie officielle* ou *administrative* contient les faits législatifs et les actes du ministère, qui concernent le personnel auquel nous nous adressons. — La *Partie non officielle* ou *scientifique* est consacrée aux mémoires, notes ou documents relatifs, soit à la partie théorique, soit à la partie pratique de l'art de l'ingénieur. — Une place est réservée dans chaque numéro à la jurisprudence des travaux publics.

ON S'ABONNE AUX BUREAUX DU JOURNAL,

Rue de l'École-de-Médecine, nᵒ 2, à Paris.

	Paris.	France.	Étrang.
Deuxième édition de la 1ʳᵉ année (avril à décembre 1852) du journal l'*Ingénieur*.....	9ᶠ	9ᶠ	14ᶠ
Abonnement à la 2ᵉ année (février à décembre 1853) du journal l'*Ingénieur*...........	10	12	16
Instructions générales pour l'étude sur le terrain des avant-projets et projets définitifs de chemins de fer.......................	2	2	3

Saint-Nicolas (Meurthe), imprimerie de Prosper Trenel.

www.ingramcontent.com/pod-product-compliance
Lightning Source LLC
LaVergne TN
LVHW021852170726
843503LV00003B/1189